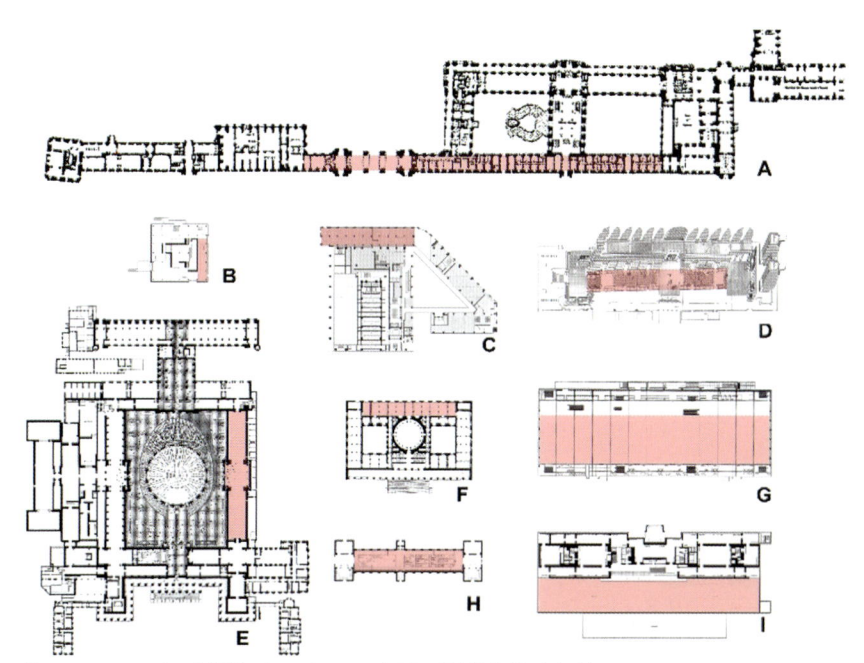

注：A＝ルーヴル美術館（パリ），B＝国立西洋美術館（東京），C＝インターメディアテ
ク（東京），D＝オルセー美術館（パリ），E＝大英博物館（ロンドン），F＝：アルテス・
ムゼウム（ベルリン），G＝ポンピドゥー・センター（パリ），H＝国立自然史博物館 古生
物学・比較解剖学館（パリ），I＝テート・モダン（ロンドン）
出典：筆者作成

　　▲口　絵①（第３章）：世界の主要博物館の同一縮尺による比較平面図

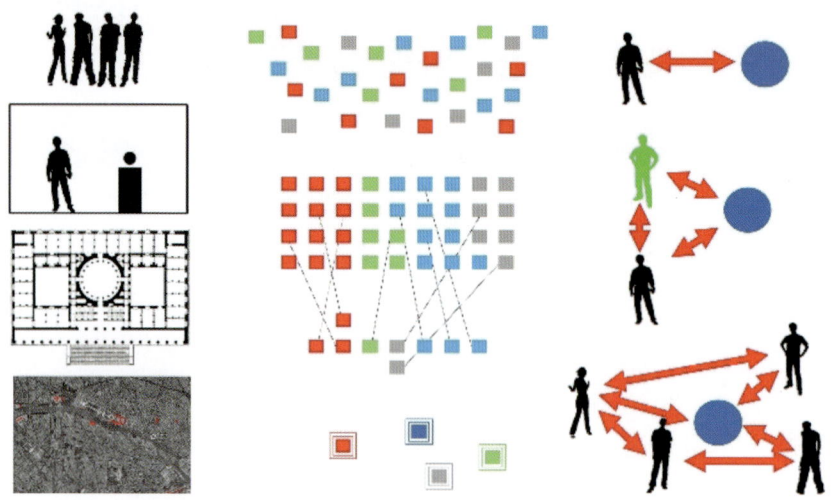

注：**左列**＝空間の構成（上から，身体空間，室空間，施設空間，都市空間）
　　中列＝物と情報の配置（上から，モノ，アーカイヴ，コンテンツ，オブジェクト）
　　右列＝体験の創出（上から，スタンドアロン，ネットワーク，オープンラボ）
出典：筆者作成

▲口　絵②（第4章）：展示空間のデザイン

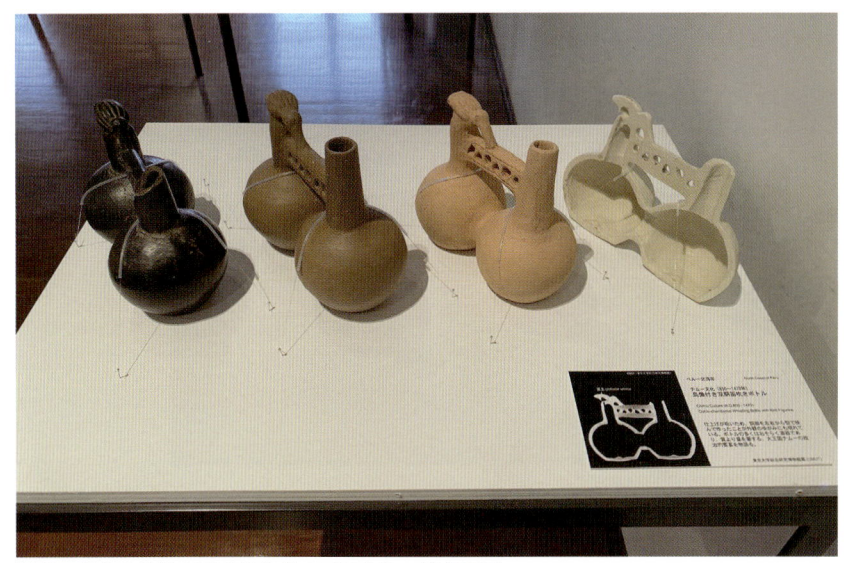

写真：東京大学総合研究博物館小石川分館，筆者撮影

▲口 絵③（第5章）：底の丸い土器（左端がオリジナルで他はレプリカ，右端は中の見える半裁レプリカ）をテグスで固定し，安定させると同時に比較観察を容易にする。

出典：musescape（松本文夫，2011）

▲口 絵④（第6章）：博物館標本の映像記録

写真：筆者撮影

▲口　絵⑤（第9章）：國學院大學博物館の縄文土器の展示

写真：国立民族学博物館，伊藤敦規撮影

▲口　絵⑥（第10章）：ソースコミュニティであるホピ民族の人びとが，人目にふれさせるべきでないと要請した聖物資料は，キャプションのみ配置し（右端）博物館の配慮の重要性を来館者に提示した。

写真：船橋市飛ノ台史跡公園博物館所蔵，筆者撮影

▲口　絵⑦（第11章）：土と貝殻を敷きつめた古代道（印内台遺跡出土）の断面の展示。発掘した遺構の断面に布を接着し，土層そのものを剥ぎ取った。

写真：高知県立美術館，2022 年

▲口　絵⑧（第 12 章）：『佐藤健寿展　奇界／世界』より，佐藤撮影によるいざなぎ流太夫ポートレート（壁面）と太夫が用いる山の神の棚（中央）を組み合わせた展示

標本制作：Dalian Hoffen Bio-Technique Co.Ltd.
写真：ユニフォトプレス

▲口　絵⑨（第14章）：マッコウクジラ（全長14.9m）のプラスティネーション標本

写真：筆者撮影

▲口　絵⑩（第15章）：「大地とまちのタイムライン」プレートテクトニクス
説明コーナー（福島県楢葉町×東京大学総合研究博物館連携ミュージアム）

写真：筆者撮影

▲口　絵⑪（第15章）：「大地とまちのタイムライン」鉱石と化石のトンネル
展示コーナー（福島県楢葉町×東京大学総合研究博物館連携ミュージアム）

博物館展示論

まえがき

　この『博物館展示論』は，大学における学芸員養成課程の科目として文化庁が定めた9科目のうちのひとつである。学芸員資格の取得を目指す大学生・大学院生は，『博物館概論』などの概論科目をまず履修し，続いてこの『博物館展示論』を含む専門的な科目群を学ぶよう推奨されている（文化審議会第5期博物館部会 2024）。ただし，遠隔教育という放送大学の役割に即して，学芸員資格取得と必ずしも関係なく，テーマに関心を持ったさまざまな人が視聴者・読者となることも重要だと，講師としては考えている。

　本書を手に取る方の多くが博物館・美術館に関心を寄せ，しばしば展示に脚を運んでいることと思う。展示というのは博物館の顔というべき機能であり，そこを手がかりとして学ぶ『博物館展示論』は，博物館学の専門科目の中では比較的取り組みやすいはずである。しかし博物館の顔というのは，言い換えればそれはお客様向けの顔にすぎない。展示の背景までふくめた博物館の全体像をとらえる視点を，当事者たる学芸員を目指す者はもちろん学ぶ必要がある。またお客様の立場で博物館を利用し続けるにしても，知っておいていただきたいことであるが，展示を眺めて受動的に情報を受け取り，「楽しませてもらった」という感想だけが残るような鑑賞体験を，博物館側は意図しているわけではないのである。しかし現実には，たとえば，目で見るだけでなく手で触れることでさらなる学びにつながるよう，さまざまなハンズオン展示が準備してあっても，みずから積極的に触れたことはあまりない，という方は多いであろう。また展示への意見を求めるアンケートが会場出口に設置されていても，素通りしてしまいがちではないだろうか。

　第1章で述べられるように，「展示を作る側」である博物館はメッセージや専門的な情報を発信し，「展示を見る側」である利用者がそれを受信するという関係は，双方向的ではなく一方的になりがちである。また「展示される側」，たとえば民族学の展示において紹介される地域文化の担い手などは，ともすれば当人の望まない形で展示発信されてしまうことがある。このように博物館展示は社会的に見ると権力の源泉となり得て，抑圧的な人間関係を生じうるのである。だからこそ，来館者もまた展示の当事者であるという意識を持ちえるかどうかが重要なのである。「利用者にとってより良い博物館・博物館活動のあり方を確立する」というのが博物館学の目的のひとつであるが，その目的にむけて今なお模索を続けているというのが実際のところである。博物館学を学ぶ際には，完成された理論を拝聴するのではなく，みずから問題点を積極的に問いただす学習態度が望ましい。そのうえで講師陣としては，細心の見識や知見をもとに，学びがいのある内容を提示できるよう努めたつもりである。

　博物館学は時代の動向に大きく影響を受ける研究分野である。数年おきに改訂される放送大学の教材作成において，ときの講師陣はつねに最新の動向を反映させようと努めてきたが，本書の準備期間にはとくに博物館・博物館学は大きな変化に次々と直面した。2021〜22年の新型コロナウイルス感染症の流行による外出自粛の流れは，博物館の入場門を閉ざし，かつデジタル化の門を大きく開いた。長年の議論の末，22年4月に日本の博物館法が改正され，また国際的に重要視されるICOM（国際博物館会議）による博物館定義も同年9月に改正された。24年3月，博物館の役割が高度化・多様化したことを受け，冒頭に挙げた学芸員養成課程に関する文化庁の方針に，実に15年ぶりの変更があった。このような大きな変動の中にあっても，寺田鮎美氏，松本文夫氏，江田

真毅氏，三河内岳氏の分担講師4名は，おのおのの専門性と経験に基づいて講義内容を練り込んでくださった。

　印刷教材の編集作業を担当された長瀬治氏には，他でもなく主任講師の鶴見の不調法により，多大な負担をおかけしてしまったが，根気強くサポートして下さったことは感謝の念に堪えない。また本書各章において多くの博物館の事例に言及したが，この印刷教材や放送教材でインタビュー内容を紹介している場合はもちろん，それ以外に講師陣がご教示を仰いだ館，施設，団体は多岐にわたっており，博物館教育のためならと貴重な時間と労力を割いてくださった。本書に関係するすべての皆様に心より感謝を申し上げる。

2024（令和6）年10月

鶴見　英成

文化審議会第5期博物館部会「大学における学芸員養成課程の科目のねらいと内容について」（2024年）
https://www.bunka.go.jp/seisaku/bijutsukan_hakubutsukan/shinko/about/pdf/94072501_01.pdf　　（文部科学省ウェブサイト，2024年10月14日確認）

目 次

1 博物館展示論とは

寺田　鮎美

《**本章の目標＆ポイント**》　博物館展示論の導入として，まず，博物館展示の役割，展示のメッセージ性，歴史的に見る博物館展示の特徴について学ぶ。次に，展示の企画から完成までのプロセス，展示の分類，展示に関わる法令について知り，博物館で展示を作るための基本的知識を身につける。最後に，今後の課題として，展示の社会性と展示デザインの今後の課題について考察する。

《**キーワード**》　博物館の基本機能，学芸員，展示的価値，公共性，展示のメッセージ性，コミュニケーション，展示デザイン，利用者志向，鑑賞型展示，説明型展示，博物館の社会的責任，展示の社会性

1. 博物館展示とは

（1）博物館展示の役割

　人々が博物館を訪れる目的として，もっとも多いのは，「展示を見に行く」というものだろう。この点において，博物館展示とは，来館者に対して，博物館をもっともよく示していると言っても過言ではない。この博物館展示の役割とは，具体的にはどのようなものだろうか。

　「展示」は，博物館の基本機能の一つであり，他の基本機能には，「資料の収集・拡充」，「資料の保存・保管・維持」，「教育」，「調査研究」が挙げられる（寺田a，2023，p.16）。これらの基本機能には，2つのベクトルがある。博物館のいわば内側で行われ，一般の人の目に触れることがほとんどない活動と，広く社会の人々に向けた，外側に見える活動で

ある。展示は，教育とともに後者に入る。

　ただし，2つのベクトルに分かれる活動は，連関しており，展示は，資料の収集・拡充，資料の保存・保管・維持，そして調査研究という内側での活動と密接に結びついている。博物館展示ができるまでには，本章第2節で述べる，企画から完成までのプロセス以前に，資料を「集める」，「調べる」，「取り扱う」，「保管する」，「修復する」という一連の博物館活動が行われているからである（並木他編，1998，pp.84-118）。そのため，博物館が展示という社会の人々に向けた活動を充実させることは，一般の人に見えにくい基本機能を含め，博物館の社会的存在意義を人々に知らしめることになる。同様に，博物館展示は，各博物館がもつ個性を顕在化させて来館者に伝えている。

　一般的に，展示とは，「ひろげて示す」，すなわち「ならべて見せる」という意味であり，博物館だけでなく，今日，さまざまなところで行われている。たとえば，デパートやメーカーが商品をならべた商品展示やショールーム展示，行政や企業がポスターや動画をならべた広報展示などである。ほかにも，図書館や学校で，書籍や児童生徒の作品を展示することもある。

　それでは，博物館展示は，先に挙げたほかの展示とどこが異なるのだろうか。博物館展示を成立させるために重要な役割を担うのが，博物館専門職の学芸員である。すなわち，博物館展示とは，「学芸員の研究成果を表現する形態の一つ」であり，「単に観客にモノを見せるだけに留まらず，モノの周辺情報を含めて理解しやすく提示し，教育的配慮の下に『見せる』」という点にある（里見，2014，pp.20-21）。実際には，学芸員以外の企画者や研究者が博物館展示に関与することもあり，それが学芸員の研究成果の表現ではない場合もあるが，博物館展示は学芸員の関与や博物館学的思考なしに実現しないのは事実だろう。

　このように，博物館展示は，ただ「ならべて見せる」だけでなく，展示を担当する学芸員による明確な意図と目的のもとに，展示する資料の選定やそれに関する情報提供がなされ，来館者が理解しやすいように展示が構成されていなくてはならない。それにより，人々にとって博物館展示とは，そこから何かを学んだり，それを文化的に楽しんだりすることができる対象となる。なお，以下，本書で言う展示とは，基本的に博物館展示のことを表す。

（2）展示のメッセージ性

　展示が，博物館の社会的存在意義や各館の個性を人々に知らしめ，人々が博物館で得られる学びや楽しみを提供する役割を果たす時，博物館では展示がメッセージを発信し，人々がそれを受信するという図式が基本形として成立している。展示のメッセージ性とは，博物館そのものがもつメッセージ性と展示が生み出すメッセージ性に分けて考えることができる（寺田b，2023，pp.109-111）。実際に，人々が博物館で展示のメッセージ性を受信する時には，この2つの要素を複合的に読み取っている。

　博物館そのものが発するメッセージとは，博物館が建設された目的や博物館が置かれた社会的文脈で託された役割に関係している。たとえば，東京国立博物館の表慶館（1909年）や本館（1938年）の建築は，皇室儀礼を契機に作られた（東京国立博物館の歴史については，吉田b，2023，pp.90-97を参照）。このように，博物館の建物には，そのモニュメント性に，当時の国家体制やイデオロギーを読み取ることができる。なお，博物館建築については，第3章にて詳しく取り上げる。

　一方，展示が生み出すメッセージ性とは，展示する資料を選別し，それに解説を付して来館者に見せるという行為により生じる。展示する資料を選び，博物館に陳列することで，展示されなかったものとの差別化

が生まれる点にも留意する必要があるだろう。たとえば，女性あるいは社会の中のさまざまなマイノリティーは，以前は博物館に展示される機会が少なかった。このような「不在」により，それらが重要でないものというメッセージ性が受け止められる恐れもあるからである。さらに，人のコミュニケーションは，知識や経験の総体に影響を受けることが知られているため，展示が生み出すメッセージは，発信者の意図を離れ，受信者が持つ異なるコンテクストによって解釈される場合がある。展示とコミュニケーションについては，第8章で詳しく扱う。

　以上のように，博物館における展示のメッセージ性には2つの要素があり，博物館展示論では，博物館そのもののメッセージ性を政治との関わりや社会的文脈から考える視点，そして，展示が生み出すメッセージ性の発信・受信の特性を理解することが重要となる。

（3）歴史的に見る博物館展示の特徴

　先に，博物館展示とそのほかの展示の違いに言及したが，博物館展示の特徴をよりよく理解するために，博物館以前の展示と博物館展示の比較をしてみよう。

　博物館展示は，当然のことではあるが，もっとも単純化して言えば，博物館の誕生とともに始まる。現在の博物館の祖型となる，15世紀から17世紀にかけてのヨーロッパの王侯貴族が邸宅内に設けた「珍品陳列室」や「驚異の部屋」は，コレクションを集める場であるとともに，それを見せる場としても機能していた。その後，18世紀における博物学の成立，そして近代的な博物館の成立により，展示における分類・配列の原理が生まれ，近代までそれが発展，変容していく（吉田a，2023）。このように，博物館史は博物館展示史でもある。

　一方で，博物館が誕生する前にも，収集されたコレクションの展示と

いう点では，ヨーロッパの教会における聖遺物や献納品の公開や，日本の社寺による宝物の出開帳などに，その源流を辿ることができる。しかし，これらの博物館以前の展示と博物館展示には，ヴァルター・ベンヤミンの言葉を借りれば，「礼拝的価値」と「展示的価値」という決定的な違いが認められる（ベンヤミン，1994，p.73-77）。ベンヤミンによれば，芸術作品の礼拝的価値とは，宗教的儀礼と切り離して考えることができず，芸術作品がそこに存在することのみを重要とする。それに対し，展示的価値とは，宗教的文脈をはじめとする，芸術作品が置かれていた元の文脈からそれを切り離し，芸術作品の鑑賞や展示そのものを目的として生まれる価値である。

　博物館学では，ベンヤミンが言うところの芸術作品を，もの一般，あるいは資料に置き換えても，これら 2 つの価値の意味づけは変わらないだろう。たとえば，ルーヴル美術館の誕生は，フランス王家が所有していたコレクションを一般市民に公開し，美術作品（資料）そのものに光を当てた。これをベンヤミンの言う展示的価値であると指摘したジャン＝ルイ・デオットは，それに伴い生まれたのが「公共性」であると述べている（デオット，2003，p.18）。

　このように，博物館は，展示を基本機能とする限り，展示的価値に支えられた社会的文化装置であると言うことができる。そして，礼拝的価値には，儀礼の繰り返しが付随するのみであるのに対し，展示的価値は，博物館に展示された資料を，人々が観察・鑑賞し，解釈することで，資料に外部から新たな意味を付与することを可能にする。つまり，博物館展示の特徴を展示的価値にみることにより，博物館の公共性を担保し，さらに強化することになると考えられる。

2. 展示作りとは

（1）企画から完成までのプロセス

　本節では，博物館展示論への理解を深めるために，実際に博物館で展示がどのように作られているのかを知り，またそのプロセスで学芸員をはじめとする展示の作り手が必要とする基本的な知識を学ぶことにする。

　まず，展示作りのプロセスについて，全体の流れを把握しよう。ここでは，学芸員がもっとも数多く経験する特別展示を取り上げる。

　期間を限定した特別展示は，そのプロセスを，企画・実施・終了の3段階に分けることができる。川合剛による解説を参考に，学芸員にとってとくに重要な作業を見ていくことにする（川合，2014，pp.38-45）。

　企画段階では，設定したテーマを明確にし，開催要項や企画書を書き起こす。それをもとに学芸員同士やその他関係者とともに展示企画の検討をしていく。続いて，展示テーマに沿って，展示候補となる資料を選定し，リスト化する作業を行う。この過程で，展示候補資料にふさわしい展示の構成や展示手法といった展示プランの検討も並行して進めることになる。借用資料がある場合は，その調査や出品交渉を行うことも必要である。

　実施段階では，展示資料リストと展示プランにもとづき，実際に展示を作り上げていく。展示会場の設営，資料の輸送，展示解説・図録の制作，関連事業（講演会やイベント）の企画，広報・宣伝といった作業が並行して行われる。学芸員は，展示全体を統括する広義の展示デザイナーであり，専門的に展示解説や図録に掲載する論考等を執筆するだけでなく，グラフィックや空間デザイナー，輸送会社，他館の学芸員を含む，借用資料の所有者，出版社，教育担当学芸員や広報担当事務職員等，展示作りに関わる内外の人々との調整役となることも求められる。

　終了段階では，展示資料を収蔵庫や借用元にもどすという物理的に重要な実務のほか，展示評価を行うことも重要である。学芸員がこれをとりまとめ，関係者と共有し，今後の特別展示の準備に活かすことで，よりよい展示作りにつなげていくことができる。

　以上のように，博物館における展示作りでは，学芸員が各段階でさまざまな作業を担っている。その具体的な内容は，第2章以降でさらに詳しく学ぶ。その際に，念頭に置いてほしいのは，展示は担当学芸員のみの力で実現するものではなく，博物館内外の多くの関係者との連携が重要になるという点である。また，本章第1節で述べたように，展示は，博物館の他の基本機能とのつながりのもとに，広く社会の人々に向けて行われる活動に位置づけられる。そのため，展示を見る人々にとって，どのようなものが良い展示となるのか，展示全体のグランドデザインを担う学芸員には，つねに，利用者志向の展示作りを行う姿勢が求められるだろう。

（2）展示の分類

　次に，博物館での展示作りの際に参考となる，展示の分類を見ていこう。展示は，さまざまに分類されうるが，**表1-1**に，その一例として，里見親幸による展示の諸類型を示す（里見，2014，pp.14-20）。

　表1-1の類型を俯瞰的に見ると，次の2つに分けてとらえることができる。一つは，展示の構想に関わる分類（展示期間，展示の意図，展示場所，ジャンルを超えた連携等），もう一つは，展示空間における手法・技術による分類（伝達形式，展示形態，実物資料の扱い，展示動線，資料の配列等）である（鶴見，2023，pp.127-131）。前者に関係する，展示の企画や制作については，総論として第2章で取り上げる。また，後者に関係する，展示のデザインや手法については，各論として第4章から

表1-1　展示の諸類型

類　　型	形　　態
1　伝達形式による類型	①パネル展示 ②模型展示 ③ジオラマ・パノラマ展示 ④照明展示 ⑤映像・音響展示 ⑥メカニック・ロボット展示 ⑦演　示 ＊人によるデモンストレーション
2　展示場所による類型	①屋内展示（In-door） ②屋外展示（Out-door） ③野外展示（収集保存型，現地保存型—エコミュージアム） ＊最初から野外を主体に展示するもので，屋外展示とは区別される
3　展示期間による類型	①常設展示（総合展示，部門展示，テーマ展示など） ②短期展示（特別展・企画展） ③季節展示（歳時記展示など） ④新着資料展示
4　移動展示の類型	①移動展示 ＊遠隔地の住民のために公民館や市民会館などを会場に展示するもの ②巡回展示 ③貸出展示 ＊展示セットをつくり，主として学校向けに貸し出す活動 ④博物館共催展示 ＊規模の小さい博物館同士が協力しあい，持ち回りで全参加館において展示するもの
5　展示形態による類型	①静態展示 ＊利用者が静的に観覧する展示 ②動態展示（可動展示，動力展示など） ＊展示物を動かし，その機能を理解しやすくする展示 ③参加・体験展示（ハンズオン展示など） ④実演展示 ⑤実験展示 ⑥飼育・栽培展示 ＊動物園，水族館，植物園に代表される展示 ⑦ワーク・シートによる展示 ＊教育プログラムに基づいて考案され，セルフガイドを用いて展示を観察し，ものの見方を誘導する展示
6　実物資料の扱いによる類型	①総合展示（テーマ展示） ＊実物と二次資料（解説，写真，図表など）を組み合わせ，見る人にわかりやすく作られた展示 ②分類展示 ＊分類学などの体系により資料を配列し，研究者や関心の深い学習者に向けた展示 ③収蔵展示 ＊収蔵庫の一部を覗かせたり，資料整理や修復作業など博物館のバックヤードを見せたりして，多くの実物を紹介する展示

7	展示の意図による類型	①鑑賞型展示（美術品など） ②説明型展示 ③教育型展示 ＊理工系博物館など，教育志向の博物館の展示や教育プログラムなどを対象にした展示
8	展示動線上の類型	①導入展示（イントロダクション展示） ②象徴展示（シンボル展示） ③分節点展示（場面転換） ④エンディング展示
9	資料の配列による類型	①時間軸展示 ②空間軸展示 ＊空間における位置関係をもとに配列する展示 ③プロセス展示 ＊物事の過程を示す展示 ④構造展示 ＊1点の資料だけでは意味を伝えにくい場合に，複合するもののつながり（構造）を示し理解しやすくする展示 ⑤生態展示 ＊自然環境の生態を切り取ってきたようにグループで見せる展示 ⑥分類展示 ＊資料を分類して並べる展示 ⑦比較・対照展示 ＊異種のものを比較・対照させることで特徴を際立たせる展示 ⑧象徴展示 ＊貴重なもの・美しいもの・大きなもの・テーマを代表するものなどをシンボリックに空間に配置して見せる展示
10	ジャンルを超えた連携による類型	①博物館と学校展示 ②博物館と図書館の結合展示 ③MLKA連携の展示 ＊博物館・図書館・公文書館・公民館の連携の展示 ④理工系と人文系の結合展示 ⑤回想法展示 ＊思い出や出来事を統合し，回想の過程でそれを共有化し，生きがいや自分を取り戻すなど福祉等と結びつけ積極的な意味を見出す展示 ⑥マイミュージアム展示 ＊個人コレクションや個人のリクエストで見たいものを展示するなど，博物館を身近な存在として利用してもらう展示 ⑦包括的展示 ＊専門化・細分化が進み過ぎている現代社会で総合的に判断する情報を提供する展示

注：＊は補足説明
出典：里見，2014, pp.14-20 より作成

第7章で扱っている。

　表1-1に挙げられている以外にも，展示意図の有無により，そもそも展示と非展示（羅列）を分ける，あるいは，来館者の展示への参加の有無により，人に視覚認知をさせる受動態展示と，参加型・体験型の能動態展示を分類することもできる（青木，2013，pp.33-37）。能動態展示の代表例には，触覚を用いたハンズオン展示が挙げられる。この展示手法は20世紀初頭から用いられるようになり，近年では，「ユニバーサル・ミュージアム」という考え方により，さらに注目を集めている（ユニバーサル・ミュージアムについては第5章を参照）。

　このように，展示の分類には，多様な観点があり，社会状況に合わせて博物館に求められる役割や人々の関心の変化，あるいは映像やデジタルなどの技術の発展の影響を受け，分類そのものが変わりうる。また，各類型や展示形態の意義の大きさも変容することがある。そのため，学芸員は最新の動向に注意を払い，知識のアップデートを図っていく必要があるだろう。

（3）展示の要素を組み合わせた分類

　上述のように，博物館における展示の分類には，さまざまな考え方と種類がある。実際の展示は，複数の要素が組み合わさって成立しており，この組み合わせを分類することもできる。たとえば，新井重三による展示の目的別に展示例や手法を組み合わせた分類（新井，1992，pp.32-35）より，次の2つを紹介しよう。なお，語用は表1-1に合わせることにする。

　一つは，資料の属性や特性を正確に伝達することを展示の目的とした場合である。資料の配列を⑥分類展示や⑧象徴展示，展示の意図を①鑑賞型展示として，資料そのものを直接提示し，人々がそれをよく観察・

鑑賞することによって，みずからの発見や感動を促す展示を作るものである。

　もう一つは，資料のもつ特性を組み合わせて，普遍的な学説や原理等を展開することを展示の目的とした場合である。この時には，資料の配列を①時間軸展示，②空間軸展示，④構造展示，あるいは⑤生態展示とし，展示の意図を②説明型展示とする。さらに伝達形式の①パネル展示，⑤映像・音響展示や⑥メカニック・ロボット展示等を活用し，展示者の意図や目的を多角的に解説する。こうすることにより，人々にそれらをよりよく理解してもらう展示を作ることが意図されている。

　どのような展示とするかを考えた要素の組み合わせは，上述のように，展示の目的が一つの決定要因となる。そのほかに，博物館の種類により，要素の組み合わせの傾向を見いだすことができる。博物館は展示内容により，人文系博物館と自然系博物館，そして人文科学および自然科学の資料を総合的に扱う総合博物館の３つに分類できる（水嶋，2010，p.15）。さらに，人文系博物館は，美術館をはじめとする造形美術系と，考古・歴史・民族を扱う歴史系に，自然系博物館は，自然史博物館のほか動植物園を含む自然史系と，科学館などの理工系に分けられる。

　造形美術系の展示では，美術作品そのものを直接提示することを重視し，資料の配列を⑥分類展示や⑧象徴展示として，展示の意図を①鑑賞型展示とすることが多い傾向にある。一方，歴史系，自然史系，理工系は，資料の配列はさまざまであるが，展示の意図を②説明型展示とすることが多いだろう。

　ただし，これらはあくまでも博物館の種類に注目した場合の傾向であり，総合博物館や，**表 1 - 1** の 10 に挙げられた類型のように，ジャンルを超えた連携による，④理工系と人文系の結合展示では，この垣根を超えた展示が作られるなど，各館では，さまざまな工夫が行われている。

本書では，第9章から第15章で，総合，人文系，自然系の博物館の種類別を軸に，多様な事例を扱っている。

（4）展示に関わる法令や規制

　博物館における展示作りにおいて，その実現のための条件や制約をきちんと把握しておくことは，学芸員にとって必須である。とくに，関係法令や規制等は重要となる。博物館の設置や運営に関して必要な事項を定めた法律に，博物館法（昭和26年法律第285号）がある。このなかの博物館の定義には，展示が博物館の基本機能であることは示されているものの，展示のための特別な法令は存在していない。以下，栗原祐司の解説にもとづき，本章第2節にて，展示作りのプロセスの例に取り上げた，特別展示の企画から完成までに関わる，主要な関係法令や規制等を押さえることにしよう（栗原ab，2010）。

　博物館で国宝または重要文化財を展示する場合には，「文化財保護法（昭和25年法律第214号）」体系の規定に留意する必要がある。重要文化財の所有者および管理団体以外が展覧会等でそれを展示する場合には，事前に文化庁長官の許可を得なければならない。なお，博物館等が恒常的に重要文化財を展示するためには，同法に規定された「公開承認施設」の承認を受けなければならず，さらに，公開承認施設であっても，国宝または重要文化財の公開日数等については制限があることが，別途規定されている。

　動物または植物を博物館での展示で扱う場合，その資料の輸出入に関しては，「絶滅のおそれのある野生動植物の種の国際取引に関する条約」（いわゆるワシントン条約）に留意しなくてはならない。商業目的のための取引が禁止されている種であっても，動物園や大学での展示を含む，学術研究目的のための取引は可能とされている。わが国の法律では，本

条約運用のために整備された「絶滅のおそれのある野生動植物の種の保存に関する法律（平成4年法律第75号）」があり，その場合は，これにもとづく手続きを行わなければならない。

　ほかにも，展示内容に関わる表現行為に関して，公的秩序，良俗を保ち，とくに未成年のために良好な社会環境を保証する観点から多くの規制法令がある。ただし，とくに美術館では，アーティストの表現の自由が社会通念とぶつかることもある。こういった課題に対応するためにも，法令や規制の基本知識は，学芸員にとって重要となるだろう。

　また，博物館で展示を行う際には，知的財産権に関わる内容にも留意する必要がある。知的財産権は，特許権や実用新案権，意匠権，著作権，育成者権などの創作意欲の促進を目的とした「知的創造物についての権利」と，商標権や商号などの使用者の信用維持を目的とした「営業標識についての権利」に大別される。

　著作権は，美術の著作物についての原作品の所有者による著作物の展示や展示に伴う小冊子への著作物への掲載には，効力が及ばない。しかし，展示に際しては，著作者人格権を侵害しないように留意しなければならない。たとえば，著作物の改変，変更，切除などを認めない同一性保持権は「著作権法（昭和45年法律第48号）」に規定がある。

　以上のように，博物館における展示の企画から完成まで，各種法令や規制に反することがないように，円滑に準備を進めるのは，学芸員の重要な役割となる。博物館の社会的責任や博物館関係者の職業倫理上の問題からも，この点は決しておろそかにできない。

3. 展示の社会性と展示デザインの今後の課題

　最後に，博物館における展示の課題について考えたい。課題の背景には，展示の本質的な問題が横たわっており，展示の社会性が関係してい

る点に注目してほしい。

　本章第1節でも言及したように，博物館で展示がメッセージを発信し，人々がそれを受信するという図式は展示の基本形となる。この図式は，展示を作る側から見る側に対し，方向性として一方的であることを免れないと言える。

　さらに，展示は，学芸員の調査研究が結実した場合には論文と同じであると言われることがある。しかし，博物館で展示を見る人の数は論文を読む人の数の比ではなく，展示の社会的影響は論文よりも非常に大きいと考えられる。そして，論文を読む人に比べて，展示を見る人の多くは，学芸員ほどの専門知識をもたないために，そのまま展示を理解し，受け入れようとする態度を取る傾向がみられる（黒澤，2014，p.8）。つまり，専門家と非専門家の情報格差がそこに存在している。

　また，展示を作る側と見る側の二者だけでなく，展示される側を加えた三者の関係性を考えると，それぞれの立場は多くの場合，対等ではない。とくに，展示を作る側と展示される側間では，権力関係において著しく均衡を欠いていることが多く，その場合，展示される側は展示を作る側の思惑にしたがって一方的に展示され続けることに甘んじなければならない（川口，2009，pp.27-28）。ここに，権力者が非権力者を抑圧する構造も見えてくる。さらに，展示されない側という立場も，この権力関係や抑圧関係の問題に加えなければならないだろう。

　社会の中にある博物館で展示が行われる限り，以上の本質的な問題が内包されることになる。博物館展示論では，このような問題の所在を看過することなく，理解しておくことがまず重要であろう。そのうえで，展示を作る際，作り手がこれらの問題に対してどのような解決方法を工夫するのか，またどのように社会的責任を果たすか，広義の展示デザインを考えていくことは，博物館展示論の重要な課題であると言える。

2022 年 8 月に改正された ICOM（International Council of Museums, 国際博物館会議，アイコム）による博物館の定義では，「倫理的かつ専門性をもってコミュニケーションを図り」という博物館の社会的責任への言及が初めて加えられた（定義全文は第 3 章を参照）。そのため，このような課題認識は，博物館展示論のみならず，国際的に博物館学の大きな命題としてもとらえられる。

　博物館側の一方的なメッセージが利用者に伝達されるという関係性を超えて，それを利用者が批判的にとらえたり，利用者の考えと交流したりする双方向的な展示にはどのような可能性があるか，あるいは展示に関わるさまざまな立場の力関係の不均衡を是正するにはどのような工夫がありうるか。学習者は，博物館展示論を学んでいくなかで，これらの問いに対し，自分なりの展示デザインのアイディアを考え出せるようになってほしい。

参考文献

- 青木豊『集客力を高める　博物館展示論』（2013 年，雄山閣）
- 新井重三「展示と陳列の意味について（展示論，上）」『博物館学雑誌』第 17 巻第 1-2 合併号（1992 年 3 月，pp.25-36）
- 川合剛「3.1　展示のプロセス──企画から終了まで」黒澤浩編著『博物館展示論』（講談社，2014 年，pp.38-45）
- 川口幸也「展示　狂気と暴力の黙示録」川口幸也編『展示の政治学』（水声社，2009 年，pp.13-40）
- 栗原祐司 a「2-7　展示と法令」日本展示学会編『展示論──博物館の展示をつくる』（雄山閣，2010 年，pp.46-51）
- 栗原祐司 b「6-9　展示と知的財産」日本展示学会編『展示論──博物館の展示をつくる』（雄山閣，2010 年，pp.186-189）

●黒澤浩「1.2　博物館展示の政治性・社会性」黒澤浩編著『博物館展示論』（講談社，2014 年，pp.6-10）

●里見親幸『博物館展示の理論と実践』（同成社，2014 年）

●鶴見英成「第 7 章　博物館展示の手法・技術」鶴見英成編著『博物館概論』（放送大学教育振興会，2023 年，pp.126-143）

●デオット，ジャン＝ルイ「博物館と近代社会」ブラン＝モンマイユール・M ほか，松本栄寿・小浜清子訳『フランスの博物館と図書館』（玉川大学出版部，2003 年，pp.18-22）

●寺田鮎美 a「第 1 章　博物館学とは」鶴見英成編著『博物館概論』（放送大学教育振興会，2023 年，pp.11-27）

●寺田鮎美 b「第 6 章　博物館展示のメッセージ性」鶴見英成編著『博物館概論』（放送大学教育振興会，2023 年，pp.109-125）

●並木誠士・吉中充代・米屋優編『現代美術館学』（昭和堂，1998 年）

●ベンヤミン，ヴァルター著，野村修編訳「複製技術時代の芸術作品」『ボードレール他五篇』（岩波書店，1994 年，pp.59-122）

●水嶋英治「1-3　博物館の種類」日本展示学会編『展示論──博物館の展示をつくる』（雄山閣，2010 年，pp.14-15）

●吉田憲司 a「第 3 章　ヨーロッパと北米における博物館の歴史」鶴見英成編著『博物館概論』（放送大学教育振興会，2023 年，pp.43-64）

●吉田憲司 b「第 5 章　日本における博物館の歴史」鶴見英成編著『博物館概論』（放送大学教育振興会，2023 年，pp.89-108）

2 | 展示の企画・制作

鶴見　英成

《**本章の目標＆ポイント**》　本章では，博物館展示論を学ぶうえで必要となる，重要な語句や制度を理解することを最初の目標とする。博物館の持つさまざまな基本機能のうち，館の顔ともいえるのが展示であるが，それ以外の機能とどのように関連しているのか，博物館の法令上の分類は展示とどう関係するのか，という解説が中心となる。次にそれを踏まえて，博物館展示の企画から完成までのプロセスをたどり，博物館で展示を作るための基本的知識を身につける。加えて，博物館展示を学ぶことの意義について考えることを促す。

《**キーワード**》　収集，保存，保管，教育，調査研究，博物館法，博物館登録制度，常設展示，特別展示，予算計画

1. 博物館展示論を学ぶにあたって

（1）本章の構成

　博物館展示論という授業の趣旨について前章にて概要が示された。博物館の展示とは何なのか，展示の実施にあたって学芸員はどのような働きをするのか，どのような問題に気を配るべきなのか，といった基本的な課題は伝わったことと思う。ここからは，より具体的な事例や詳細な解説とともに講義を進めていくが，学習内容を理解する助けとして，本章にて博物館の機能や法令に関する基本的な事項を解説する。ついで，博物館の展示の企画・制作の過程について説明し，最後に博物館展示論を学ぶことの一般的な意義について述べる。

（2）博物館の一般的な定義

　日本の博物館法の第2条は，博物館の定義を示す条文である。後述のように 2022（令和4）年の改正によって，条文の後半部は大きく加筆された。前半部は活動内容や目的など，博物館に求められる基本機能について述べており，1951（昭和 26）年の制定時から変わっていない。以下，前半部を見てみよう（デジタル庁 e-Gov 法令検索を参照）。

　この法律において「博物館」とは，歴史，芸術，民俗，産業，自然科学等に関する資料を収集し，保管（育成を含む。以下同じ。）し，展示して教育的配慮の下に一般公衆の利用に供し，その教養，調査研究，レクリエーション等に資するために必要な事業を行い，併せてこれらの資料に関する調査研究をすることを目的とする機関……（以下略）

　この文中に見いだされる「収集」「保管（あるいは保存）」「展示」「教育」「調査研究」といった語は，すでに第1章で述べられたように，博物館が備えるべき基本機能を指している。また国際的に重視されている ICOM の博物館定義（第1，3，8章にて言及）や，ユネスコによる博物館定義[1]をあわせ見ても，これらは共通して挙げられている（ただし博物館学の研究・教育において記述する場合，文脈によって語の選び方は変化する[2]）。博物館学においては，これらの機能を備えた施設こそが，博物館の一般的な様態である，と見なすのである。

　展示は博物館の顔に喩えられるように，社会に対して開かれ，もっとも親しまれている機能である。しかしあくまでも博物館の諸機能の一つであり，展示の企画・制作が行われる背景に，他のさまざまな機能がからみ合っている，ということを理解する必要がある。以下，展示以外の機能について語義を整理しつつ，展示との関係について解説していく。

2. 展示とそれ以外の基本機能

（1）収集と展示

　収集活動を通じて形成されたコレクションは，博物館の中核的な要素である。収集した資料に対して，良好な状態で長期保存できる環境を準備するのは，必然的に一連の活動となるため，「収集保存」とセットで呼ぶことも多い。博物館建築について学ぶ第3章でも，館内で収集品にいかに空間を割り当てるかという点が課題となるため，そのように表記している。

　ただし博物館が創設される過程に注目し，展示が作られる背景を具体的に理解するうえでは，両者を区別する必要がある。「既存の資料が存在し，その保存のための施設を整える」という場合と，「施設をまず準備し，そこを拠点として本格的に資料の収集を開始する」という場合とを両極として，その中間にさまざまな例があるためである。いずれにせよコレクションは館の取り組むテーマと直結しているため，それを根幹として展示が企画されることが多い。博物館の創設と常設展示の制作について，後段で詳しく述べることとする。

（2）保管・保存と展示

　博物館法では保管という語が使われているが，それ以外の政府文書では保存という語が多い。湿気や虫害などで急速に傷みが進行しつつあるが，貴重な資料であると判断して受け取った館が，長期的に保存するための理想的な環境を整える前に，とりあえず置き場所を確保して運び込む，そのような場合に「一時保管」という表現が使われる。すなわち保管とは「資料に場所や登録番号を割り当てて管理下におく（それがたとえ暫定的であっても）」ことを意味している。それに対して保存は「資

料を長期間，良好な状態に保つ」ことを意味し，燻蒸などの処置や，場合によっては修復を実施することもある。管理するだけでなく状態を良好に保ってこそ，展示，教育，調査・研究などの機能と合わさって，コレクションは有効活用される。そのため博物館の現場，また博物館学においては保管を前提としつつ，保存という語を使う局面がより多いと言える。

ただし保存と保管の違いが明確になる局面もあり，その一つが生体，生きた動植物である（第14章参照）。博物館法第2条に，保管には育成が含まれるとあるが，繁殖や病変や成長（老化）などで生体の個体数や状態は変化し，いずれ死に至る。遺体に保存処置を施して保存せよ，というような法的な定めはなく，所定の手続きを踏んだうえで多くの場合は廃棄される（焼却など）。登録された生体を所定の場所で育成し，健康状態を把握し，遺体の処置に至るまで一貫して管理するという意味で，保存よりも保管と呼ぶほうが適していると言えよう。

なお極力避けねばならないことだが，生命のない物品も，事故やヒューマンエラーのため劣化や紛失を招く恐れがある。その場合も担当の学芸員や研究者は，資料の状態や事態の経緯について記録し，情報を館内で共有し，あるいは館を越えて関係者に広く発信して，今後の課題として次世代の担当者に引き継ぐ。保存に失敗しても，保管の努力は続けることが求められるのである。

展示と保存との関係について述べよう。自由な展示鑑賞の場とは一線を画し，資料保存環境を整えた収蔵庫が博物館には必須である。ガラス窓越しに一部を鑑賞可能にした収蔵展示や，収蔵庫内の見学会も行われるが，その奥や別棟などにさらに収蔵庫があり，より多くの資料を厳密に管理していることが多い。

実は展示場にも保存のための環境が求められる，という点を看過して

はならない。外部からの人の出入りに伴い，資料に有害な生物や物質が侵入しやすく，来館者と展示物の接触事故も起こりうる。有機物の資料などは，空気の温湿度を適切に管理する必要があり，また光にさらされて劣化することもあるが，展示室の空調や光量は来館者の快適な鑑賞を妨げてはならない。こういった課題に対して，展示什器の技術的工夫や空間デザインの検討によって対応が求められる。美術館での照明（自然・人工）やガラスケースの使い方などが参考になる（第 12 章参照）。なお「博物館資料保存論」の授業で保存の諸課題を詳しく学ぶことができる。

（3）教育と展示

　教育は展示と同じように，社会に向けて果たされる博物館の機能である。来館者に対する教育的な効果があると言える。学芸員らによるワークショップや展示解説ツアーなど，教育プログラムのイベントとして開催される場合は，利用者が自身の課題・関心にもとづいて主体的に参加し，博物館の資料や設備を通じて学習する，という教育機会になっている。また理工系の博物館など，とくに教育を志向している場合には，教育型展示と分類されることがある（里見，2014，p.17）（第 1 章**表 1 - 1**参照）。また，そもそも博物館は社会教育機関であるため，展示自体が教育活動と言える。

　しかし博物館における教育というのは，教育プログラムや展示によって機会が提供されるにとどまらず，もっと幅広くとらえて論じられている。たとえば本人に学習しようという明確な意識がないままに，単に余暇として館の情報をインターネットで検索したり，観光を楽しむ目的で博物館を訪れたり，またそこでさまざまな人と関わりを持ったり，といった活動の結果として，意図せぬうちにさまざまな学びを得ている（非

意図的偶発的学習）と考えられるのである（大髙，2022，pp.11-26）。なお教育のテーマに関しては「博物館教育論」の授業でより詳しく学ぶことができる。

（4）調査研究と展示

「調査研究」という語は上記のとおり博物館法の条文に用いられているが，博物館学においては「調査・研究」と2語の組み合わせとして扱われることも多い。何かを調べることを調査と呼び，さまざまな調査を通じて何かを解明しようとするのが研究，と区別すると博物館の実態について理解しやすい。いかなる館でも，収集した資料それぞれについて名称や分類，入手した年月日や経緯，寸法と重量，写真やスケッチなどの情報を整理するが，それが博物館として最低限実施すべき調査である。しかしそれらの情報を活用して，必要に応じて文献研究や実験などを重ねて，何らかの事実や法則などの発見に向けて研究を進める体制を持つ館は，限られている（鶴見，2023，pp.146-148）。たとえば，希少な生物標本から遺伝子を解析する研究計画を立てるにあたり，館や連携機関に実験装置などの設備が備わり，公的な研究資金獲得の途があり，少なくとも修士課程修了以上の専門性を有する学芸員が，他のさまざまな業務と並行して研究機会を作れる，といった好適な条件を満たすことは容易でない。ただし第10章で焦点を当てる大学博物館は，先端研究・高等教育の場という理念が共通基盤となっており，最新の研究成果を展示として発信するという事例を学ぶことができる。

3. 博物館登録制度

次に博物館学の基本的な学習事項として，日本の博物館登録制度について解説する。前節では博物館法第2条の前半のみ引用したが，後半は

以下のように締めくくられている。

……目的とする機関（社会教育法による公民館及び図書館法（昭和二十五年法律第百十八号）による図書館を除く。）のうち，地方公共団体，一般社団法人若しくは一般財団法人，宗教法人又は政令で定めるその他の法人（独立行政法人（独立行政法人通則法（平成十一年法律第百三号）第二条第一項に規定する独立行政法人をいう。第二十九条において同じ。）を除く。）が設置するもので次章の規定による登録を受けたものをいう。

　どのような団体や法人が博物館の設置者となりうるか，列挙した部分が 2022（令和 4）年に追記された箇所である。そして末尾に登場する「登録」とは，第 10 ～ 17 条（条文内の「次章」に相当）において詳しく定められている制度である。条文の前半部で見たように，基本機能を備えているということが，博物館の定義として一般的に認められているが，日本の法律ではさらに限定的な博物館の定義が定められているのである。

　表 2 - 1 は，博物館登録制度に即して施設を 3 種に分けて示している。まず最上段の「登録博物館」とは，表中の条件（設置主体と設置要件）を満たし，所在地の都道府県あるいは指定都市の教育委員会によって，博物館登録原簿に「登録」された施設を意味する。2 段目の「指定施設」とは，やや緩和された条件を満たし「指定」を受けた施設である。実質的に博物館に相当する機能を持つという意味で「博物館相当施設」とも呼ばれる。3 段目の「博物館類似施設」とは，登録も指定も受けていないが，基本機能を備えているため，博物館と類似していると文部科学省が認めた施設である。2018（平成 30）年の時点で，登録博物館は 914 館,

指定施設は 372 館，類似施設は 4,452 館と計上されている（類似施設は潜在的にはもっと存在すると考えられる）。これらはすべて博物館の基本機能を持つ施設，すなわち博物館学において博物館と見なされる館である。しかし法律上の厳密な定義では，博物館と呼べるのは登録博物館だけなのである（混乱を避けるため，法律上の狭義の博物館を指す際は登録博物館と呼ぶ）。

　注意すべきは，国が設置した館や国立大学に属する館は登録の対象にならない点である。本書に登場する東京の大型館だと，東京国立博物館，国立科学博物館，国立西洋美術館は指定施設，東京大学総合研究博物館は指定も受けていないので類似施設と，いずれも法律上は「（登録）博物館」ではない。

　この制度は，日本の博物館の機能向上や経営の安定化を目的としており，登録を受けた館には税制上の優遇措置などの利点が設定されているが，登録や指定を申請するかどうかは各館の判断による。上述の館数に現れているように，なかなか浸透しないのが実情である。なお展示と深く関係する点の一つに，希少な資料の取扱いを巡る規則が挙げられる。

表2-1　博物館登録制度に関わる博物館の種別

種　別	登録要件（設置主体）	設置要件	登録または指定主体
登録博物館	地方公共団体，一般（公益）社団・財団法人，宗教法人，NHK，赤十字，地方独立行政法人，株式会社など	・館長，学芸員の必置 ・年間 150 日以上開館など	・都道府県教育委員会 ・指定都市教育委員会
指定施設 （博物館相当施設）	制限なし	・学芸員相当職員の必置 ・年間 100 日以上開館など	・都道府県教育委員会 ・指定都市教育委員会 ・設置主体が国，独立行政法人，国立大学法人の場合は国
博物館類似施設	制限なし	制限なし	なし

登録博物館や指定施設は「登録美術品制度に基づく美術品（国宝や重要文化財など）の公開が可能」「希少野生生物種の個体の譲渡し等が可能」であり，そのようなコレクションを常設展示したり，特別展示のために他の機関に借用を打診したりできる。

　以上，博物館の基本機能に関して，また法令に関わる基礎的な事項に関して解説した。博物館学において，主たる研究対象としての博物館を定義することは不可欠であるが，館ごとのテーマや設置の経緯などは多様である。本書においてさまざまな館，さまざまな展示の事例が紹介されるが，そのような多様性から，展示のテーマ設定や表現の多様性が生まれるということを，意識して学んでいただきたい。

4. 展示の企画・制作

　前章において，博物館において特別展示を実現する際のプロセスについて，企画・実施・終了という 3 段階に分けて説明がなされた。本章においてはさらに，そもそも施設としての博物館を新たに設置し，開館に向けて常設展示を作るプロセスについて概説する。

　博物館が設置される経緯はさまざまであるが，個人や企業で企画する場合には，意思決定のプロセスは比較的シンプルである。しかし政府が主導する場合や，多くの団体が関わる構想の場合などは，予算計画も含めて，立案から実現に至るまでの調整に時間を要することが多い。

　国が主導する事例として記憶に新しいのが，2021（令和 3 ）年の国立アイヌ民族博物館の設置である。「アイヌの人々の誇りが尊重される社会を実現するための施策の推進に関する法律」の施行（2019 年）を受け，その拠点にして慰霊施設でもある民族共生空間ウポポイが整備され，その中核施設エリアに新設された博物館である。

　また博物館の基本機能のうち，収集と保存の計画に応じて博物館設置

のプロセスに多様性があると先述した。近年の事例を2つ挙げることにする。長崎県対馬市に2022（令和4）年に開館した対馬博物館は，設置の大きなきっかけとして，日本外交史の貴重な史料として対馬に伝わる膨大な古文書「宗家文書」の保存という課題があった。対馬市教育委員会が博物館整備の基本方針を策定するうえで，文書の保存修復と研究を進めてきた長崎県対馬歴史研究センターと連携し，内部にセンターが設置された博物館として完成をみた事例である。既存のものとして重要な資料が地元にあり，それに対応する形で設置された館の事例である。

　また別の事例として，福島県双葉郡富岡町に2021（令和3）年に開設された，「とみおかアーカイブ・ミュージアム」を挙げよう。東日本大震災，およびその直後の福島第一原子力発電所の事故によって，全町避難が行われた町村の一つであり，除染が進んで避難指示が徐々に解除されたあとも，戻ってくる住民は限られ，人間関係は疎遠になり，地元の生活文化・歴史・風習の継承は危機的状況となった。町役場および有志のプロジェクトチームによって，町内の暮らしや自然を物語るすべての物品を集め，町をアーカイブするという計画が進められた。とみおかアーカイブ・ミュージアムはその過程において立案され，大きな収蔵スペースを擁する施設であるが，それは長期的に資料を収集することを目的に据えていたためである。

　既存の施設・設備を再利用する，という事業が先行した事例も多く，ハコモノの再利用の方法として，展示スペースを備えた施設が成立することは多い。もともと博物館として設計されていない建築の場合は，大幅な改装を要することもある。放送教材第2回において取り上げた，東京大学総合研究博物館小石川分館の場合は，大学内に残された明治期の木造校舎を活用するプランとして，大学博物館が分館としての利用を提案した経緯がある。学校建築をテーマに据える，という方針に従って開

館を迎えたが，気密性のない木造建築の内側に，気密性の高い箱を構築する方法で，博物館としての使用に耐える設備となった。

　博物館は基本的に，半永久的な施設として構想されるのがつねであり，常設展示はその中核として長期間，感覚的に言えば少なくとも数年間，開催することが前提となる。具体的にいつ終了させるか，という検討までは通常行われないが，将来的に常設展示に何らかのリニューアル（展示替え）を施す可能性がある，ということは念頭に置かれている。

5. 博物館展示論を学ぶ意義

（1）私たちの日常生活と展示

　本章を締めくくるに当たり，博物館展示論を学ぶ意義について筆者の考えを示しておく。博物館学の目的は，より良い博物館のあり方を追求することにあるが，そのために博物館のさまざまな機能が有効に働くかどうかが焦点となる。よって基本機能を重視することは大前提であるが，そのうえで視野を広げてみよう。

　いずれかの基本機能を欠く施設は，博物館学における博物館の定義を満たさず，博物館類似施設にもならない。しかしその中で，展示の機能を発揮する施設はたいへん多い。たとえば美術の分野における画廊は，作家の活動を支え，情報発信や美術品の流通にも貢献する重要な施設である[3]。ただし独自のコレクションを持たないことが多い。百貨店の催事場などで考古学や古生物学などの展示が開催される際，専門家が学術的に監修し，優れた内容となっていることが多い。ただし百貨店は博物館ではない。企業が自社のサービスや製品に関するテーマを学術的に取り上げ，企業博物館として運営する事例は多いが，広報の目的に特化したショールームなどは博物館とは分けて考える必要がある。

　博物館の館名の付け方は自由であり，〇〇博物館（美術館，動物園）

といった定型的な名のほか，資料館（室），歴史館，ミュージアム，○○の丘（森，里）など多様な例が見られる。名称に関わらず，基本機能を備えていれば博物館の事例として参照されるが，逆に基本機能を欠く施設が博物館らしい名を持つこともある。遊具を主体とするテーマパークや，特定分野の専門店を集めた商業施設（フードコートなど）などが，豊かな鑑賞体験や扱うテーマの専門性の比喩として，博物館に類する名を冠する事例は多い。設置者が思い描く博物館のイメージ，おそらく多くの場合は展示のイメージが投影されており，利用者の中にも博物館展示の鑑賞体験と重ね合わせる人がいるであろう。

（2）さまざまな展示に学ぶ

　このように，展示は情報発信の効果的な手段であるため，博物館に限らず，私たちは日常的にあちこちで展示に向き合っている。また趣味でたしなむ絵画や工芸作品などを，同好の士とともに市民ホールに展示するなど，誰でも展示の当事者となりうる。学芸員を目指すかどうかに関わらず，博物館展示論で展示の諸課題を学んでおくと，展示に触れるたびに理解を深め，より豊かな体験を得られるであろう。

　もちろん学芸員として専門性を高めるうえでも，広い視野からの学びは重要である。画廊から優れた展示デザインが，企業のショールームから最新の展示機器や技術が生まれるなど，博物館学を修める者にとって学びの源泉となりうるし，その職員に学芸員としての知識や経験が求められることもある。日本には展示の専門業者が多くおり，技術的な補助にとどまらず，案件によっては展示の企画から評価に至るまで総合的に提案，あるいは担当するが，博物館も，博物館以外も等しく仕事の対象となる。

　私たちは博物館の顔として展示に親しんでいるが，来館者の視点に立

つ限りは，展示の背景まで見通すことはできない。博物館展示論の授業を契機として，ぜひ視野を広げていただきたい。

》注

1）ユネスコで 1960 年に採択された「博物館をあらゆる人に開放する最も有効な方法に関する勧告」による。以下に文部科学省による訳文がある。
https://www.mext.go.jp/unesco/009/1387063.htm（2024 年 12 月 20 日最終確認）
2）本書においても文脈によって書き分けがあるので，ここで補足説明しておく。第 1 章において「資料の収集・拡充」，「資料の保存・保管・維持」という多様な述語が紹介された。拡充と維持は上記のユネスコの博物館定義で用いられる。拡充（収集活動を 1 回だけでなく反復すること）は収集のあり方の一つ，維持は保存と同義（ただし建築物や野外展示など，周辺環境ごと保存すべき対象に用いる傾向がある）ととらえ，本章以降では基本的にそれぞれ収集，保存に統一する。また保管に関しては本章の文中で解説する。第 3 章では ICOM の定義における用法を踏まえ，展示の機能を「展示公開」，教育を「教育普及」と言及するほか，本章の後段で詳説するとおり「収集保存」「調査研究」という表記を取っている。
3）ギャラリー（gallery）の訳語である。ギャラリーは展示空間を指す語としても用いられる。また博物館の機能を備える美術館が，館名にギャラリーと冠する事例もある。本書の第 4 章以降ではそのような文脈で用いる。

参考文献 ▮

● 大髙幸「第 1 章　博物教育とは」大髙幸・寺島洋子編『博物館教育論』（放送大学教育振興会，2022 年，pp.11-28）
● 里見親幸『博物館展示の理論と実践』（同成社，2014 年）
● 鶴見英成「第 8 章　博物館と研究活動」鶴見英成編著『博物館概論』（放送大学教育振興会，2023 年，pp.144-158）
● デジタル庁 e-Gov 法令検索「博物館法」
https://laws.e-gov.go.jp/law/326AC1000000285（2024 年 12 月 10 日最終確認）

3 博物館建築

松本　文夫

《**本章の目標＆ポイント**》　博物館の源流としてのムセイオンや驚異の部屋から，近代の公共博物館の成立を経て，現代の多様な施設展開にいたる博物館建築の歴史を概観する。博物館の定義と機能，建築形式の拡張，次世代博物館の展望についても言及する。
《**キーワード**》　博物館建築，ムセイオン，驚異の部屋，近代／現代博物館，集中／越境／遍在，ミドルヤード，モバイルミュージアム，次世代博物館

1. 博物館建築の歴史

（1）博物館の源流

　博物館建築の歴史をさかのぼるにあたって，まず博物館の源流に目を向けたい。ミュージアムの語源とされる「ムセイオン」は，古代ギリシアの学芸の神ムーサイ（英語ではミューズ）の祠堂であり，これが学堂として各所につくられた。有名なものとしては，プトレマイオス1世がエジプトのアレクサンドリアに設立した王立研究所ムセイオンがある。ここでは各地から招聘された研究者が哲学や文献学や自然科学などの研究を行い，併設の大図書館には膨大なパピルス文書が蓄積された。ムセイオンの建築は現存しておらず，その具体的な構成は明らかではないが，研究と収集の役割をもった総合研究所のような施設であったと考えられる。

　一方で物の収集によるコレクションの形成は，博物館の機能的な原型を生み出すことになる。ヨーロッパでは，ルネサンス期における古典古

代への関心，大航海時代における世界の拡張を背景として，珍品や遺物の収集が盛んになる。権力者らは，驚異の部屋（独：Wunderkammer），珍品陳列室（仏：Cabinet de curiosités），ステュディオーロ（伊：Studiolo）と呼ばれる部屋を邸内に設け，みずからのコレクションで埋めていった（**図3-1**）。地理的な拡張にともなって未知の事物の発見が相次ぎ，18世紀にはリンネやビュフォンらにより分類学を基盤とする博物学（Natural history）が発展する。フーコーが博物学とは「可視的なものに名を与える作業」（フーコー，1974）であると述べたように，対象物を比較によってタブロー（表）に分類整理していく知の枠組が生まれる。コレクションの内容も次第に分化し，科学者らによる自然物の収集，王侯貴族らによる美術品の収集が肥大化していく。このようにして，近世以降の「驚異の部屋」から近代の博物館（ミュージアム）が誕生する変革期に向かうのである。

所蔵：Biblioteca Comunale dell' Archiginnasio

図3-1　フェルディナンド・コスピによる「驚異の部屋」（1677）

（2）近代博物館の成立

18 世紀の半ばから 19 世紀にかけてのヨーロッパは，産業革命やフランス革命などの大きな社会変動を迎える。蓄積されてきた重要なコレクションは，国家や組織に集約されてその文化資産になり，一般公開されるようになる。本項では，この時期に誕生した大英博物館とルーヴル美術館の成立について概観する。

イギリスのロンドンでは，世界でもっとも包括的なコレクションを誇る大英博物館が誕生した。医師で科学者のハンス・スローン卿が遺したコレクションを中核として複数の図書館の資料とともに，1759 年に現在地にあったモンタギュー・ハウスで初めて一般公開された。19 世紀になるとロゼッタ・ストーンやパルテノン神殿の彫刻群など，エジプト，ギリシア，ローマの遺物を始めとするコレクションが増え，博物館全域の拡張が計画された。ロバート・スマークの設計による新古典主義の博物館本体（1852，数字は建物の開館年を示す），シドニー・スマークによる円形閲覧室（1857）が完成し，20 世紀末にはノーマン・フォスターが設計したグレート・コート（2000）が屋内の中心広場を形成し，近年では世界保存修復展示センター（2014）が増設された。一方で巨大化する施設において基幹機能の切り分けも行われ，自然史博物館（1881）および大英図書館（1973）は別の組織として分離された。

フランスのパリでは，中世の城塞から発展したルーヴル宮殿を美術コレクションの展示施設としたルーヴル美術館が発足する。増改築を繰り返してきた建物は，フランス革命期の 1793 年にフランス共和国中央芸術博物館として開館した。そこではフランソワ 1 世以来収集されてきた王室の美術コレクションが一般に公開された。ナポレオン 1 世のエジプト遠征を背景として，ナポレオン 3 世の第二帝政期にかけてコレクションの拡充が続き，現在の施設配置の原型が築かれた。20 世紀後半になると，

ルーヴル美術館は大きな変革をとげる。フランソワ・ミッテラン大統領によるパリ大改造の一環として「グラン・ルーヴル」プロジェクトが発表された (1981)。美術館の主要部をなすシュリー，リシュリュー，ドゥノンの3翼に囲まれた中央広場にイオ・ミン・ペイ設計によるガラスのピラミッドが配置され，広大な地下ロビーが形成された (1989)。施設の巨大化にともなう構成の刷新が行われたのである。

（3）現代博物館の展開

　18世紀に生まれた近代博物館を嚆矢として，19世紀から現代にかけて博物館は多様な展開をとげる。フランス革命期からパリで開催されていた国内博覧会を前身として，初めての国際博覧会が1851年にロンドンで開催された。ジョセフ・パクストン設計の鉄とガラスによるクリスタル・パレス（水晶宮）が主会場となり，その後の博覧会でも産業宮や機械館など大空間の展示施設が建設された。万国の事物を総覧するための大空間を新しい素材で建設する技術が発展したのである。欧米各国や一部の植民地では，国家や都市の象徴としての博物館や美術館が相次いで建設される。インド博物館 (1814)，アルテス・ムゼウム (1830)，エルミタージュ美術館 (1852)，スミソニアン博物館 (1855) などである。多くの博物館の誕生によって，コレクションと展示の体系的な組織化が徐々に進んでいく。

　20世紀になると，博物館の建築空間と展示構成の方法が多様化していく。それを「抽象性」と「固有性」という2つのキーワードで見ていきたい。第一に「抽象性」である。歴史的な博物館では造作材や什器で作り込まれた展示空間が多いが，現代の美術作品の展示では，ホワイト・キューブと呼ばれる白い壁の抽象的な空間が好まれる。どのような作品にも対応しやすい展示室で，ニューヨーク近代美術館 MoMA (1929) で

最初に実現し，その後多くの美術館等で採用されている形式である。

　第二に「固有性」である。ホワイト・キューブの汎用性とは異なり，展示される場所，作品，作家の固有性を重視する考え方である。磯崎新の設計による奈義町現代美術館（1994）は，その場でしか成り立たない体験を提供するサイト・スペシフィックな展示施設である。展示作品と設営場所の結び付きを重視する考え方にもとづく。

　抽象性と固有性で示された問題は，磯崎新が「第三世代の美術館」において提起したテーマである（磯崎，1996）。美術館における作品と空間の関係の多様化ととらえることもできる。美術館だけでなく，自然史系や文化史系を含む博物館全般に目を向けるとき，このテーマは博物館を「開かれた場」ととらえる方向性に重なってくる。博物館研究のダンカン・キャメロンが「テンプル（神殿）からフォーラムへ」と述べたように（Cameron, 1974），博物館は権威主義的な宝物の神殿から，地域に開かれたコミュニケーションの場へと変化していくことがイメージされている。

　現代博物館の説明の最後に，世界の主要博物館の同一縮尺による比較平面図を掲載する（**巻頭口絵①**）。着色部分は主な展示空間を示す。

（4）日本における歴史

　博物館の理念が日本に導入されるのは江戸末期以降であるが，その前から保存や公開の場所は存在してきた。古くは正倉院（756 頃）がある。天平時代を中心とする美術工芸品を収蔵した保存施設であり，校倉造の高床式倉庫として知られる。日本には西洋のような博物学の伝統はなかったが，中国や東南アジアに発した医薬系の学問である「本草学」がそれに相当する。江戸時代になると中国の『本草綱目』の移入を契機に本草学研究が興隆し，やがて本草学は物産学として博物学的な展開をみせ

る。物産会ではさまざまな自然物が展示され，その後の博覧会の前身となっていく。

　幕末の遣欧使節団に同行した福澤諭吉は，帰国後にまとめた『西洋事情』で欧州の博物館・博覧会を紹介している（福澤，1866）。博物館については「世界中ノ物産古物珍物ヲ集メテ人ニ示シ見聞ヲ博クスル為ニ設ルモノ」と説明している。文部省が初めて開催した博覧会（1872）は湯島聖堂大成殿で行われた。その後，ウィーン万国博覧会（1873）を参考に，殖産興業の推進を目的として第一回内国勧業博覧会（1877）が上野公園で開催された。ジョサイア・コンドルが設計した新しい博物館は宮内省に移管され，1889（明治22）年に帝国博物館と改称された。九鬼隆一が総長に就任，岡倉覚三（天心）が美術部長となり，これを契機に博物館の目的は殖産興業から宝物保存へとシフトしていく。1900（明治33）年には帝室博物館へとさらに改称された。1923（大正12）年の関東大地震で被災した後に，新施設の設計競技が行われた。渡辺仁の設計による帝冠様式の計画案が選ばれ，現在の東京国立博物館本館が1938（昭和13）年に開館した。また震災後に自然史系標本の大半は国立科学博物館の前身となる東京博物館に移管された。

　大正時代から昭和時代になると，日本の各地に博物館や美術館が誕生するようになる。個人の美術品のコレクションを公開する私立美術館がうまれ，昭和にはいると東京・京都・大阪に公立美術館ができ，第二次世界大戦後には国公立の博物館・美術館が各地に誕生する。平成時代になると，最新の美術動向にも対応する新しい美術館や大学博物館が設立された。

　　　　＊以上の第3章1節では（吉田，2011）を参考にしている。

2. 博物館建築の形式

（1）博物館の定義と機能

　博物館とは何か。博物館を学ぶうえで欠かせない基本理念であるが，博物館の定義は時代とともに移り変わる。現在の最新の定義は，ICOM（International Council of Museums，国際博物館会議，アイコム）のプラハ大会（2022）で採択された以下のものである（国際博物館会議，2022）。

　　博物館は，有形及び無形の遺産を研究，収集，保存，解釈，展示する，社会のための非営利の常設機関である。博物館は一般に公開され，誰もが利用でき，包摂的であって，多様性と持続可能性を育む。倫理的かつ専門性をもってコミュニケーションを図り，コミュニティの参加とともに博物館は活動し，教育，愉しみ，省察と知識共有のための様々な経験を提供する。（ICOM 日本委員会による日本語確定訳文）

　包括的で違和感のない定義だと言えよう。この定義で「博物館」の原語は museum である。ミュージアムは「博物館」（または「博物館・美術館」など）と訳されるが，「館」が付されているように，日本語では物理的な施設建物を想起しやすい。一方，原語のミュージアムは博物館の制度やシステムおよびその施設空間を包含する広い概念である。「博物館建築」というときに，それは紛れもなく建物としての博物館を含意しているが，その構想やデザインにおいては，ミュージアムという制度やシステムへの検討も必要になることを理解しておきたい。このような非物象的な理念の広がりは，シアターと劇場，アーキテクチャと建築といった言葉にも該当する。

　博物館の基本機能を整理しておこう。ICOM の定義にも関連するが，ここでは，収集保存，展示公開，教育普及，調査研究の4つにまとめる

ことにする。①収集保存は収集・生成された学術標本や資料や作品の分類・整理・保存，②展示公開は学術研究成果および学術標本の対外的な展示公開，③教育普及は学校教育や社会教育への協力および専門教育の推進，④調査研究は学術標本や資料等を基礎とした先端的研究および創造的事業開発である。4つの機能の配分は施設によって異なり，すべての機能をバランスよく保持する施設もあれば，アーカイヴとしての収集保存を重視する施設，ギャラリーのように展示公開が主体の施設，大学博物館のように研究や教育にも力点を置く施設もある。

（2）集中，越境，遍在

博物館建築を考えるうえで，その存在形式の変遷に注目したい。存在形式とは，スタンドアロンからネットワークに至る博物館機能の相互関係のことであり，具体的な建築プログラムの一歩手前の，施設の基本構成に相当するものである。存在形式は，「集中」，「越境」，「遍在」の3つのステージに分けられる。

「集中」は博物館施設が1ヶ所に集約されたスタンドアロン型の形式であり，古代からの博物館の初源的な形式である。集約的な保存と展示は博物館の至上命題であり，多くの博物館がこの形式をとる。博物館規模の増大にともなって収蔵や展示の空間の一部を外部化することがあり，その場合は次項の越境に区分される。

「越境」は博物館が外部に出て行く形式である。博物館の母体機能を維持しつつ，収集機能と展示機能のいずれかあるいは両方を外在化する。コレクションを有効活用し，文化資源を流動的に扱うための戦略である。グッゲンハイム美術館，ルーヴル美術館，ポンピドゥー・センターなどの展開事例がある。東京大学総合研究博物館による「モバイルミュージアム」はユニット化された小規模展示を都市環境の中で分散連携的に展

開する越境型のプロジェクトである。

　「遍在」は博物館が環境のなかに無数に存在するネットワーク型の形式である。博物館を閉じた建物から開かれた領域へと転換する方策である。1986 年にベルギーのゲント市立現代美術館で館長のヤン・フートが企画した『シャンブル・ダミ』展は，51 人のアーティストが市内の別々の住宅に個別の作品を制作した展示で，分散連携型展示の嚆矢であり，その後の数々の屋外領域型展示へとつながる先駆けとなった。ネットワーク型展示の根底にある思想は，展示物や標本資料が特定の施設に集約されるのではなく，もとの帰属場所にそのまま存在し，領域内を人々が移動して体験していくという考え方である。

　博物館の存在形式が集中→越境→遍在と変化するにしたがって，個々の展示施設は小さく，数量は多くなる可能性がある。集中から遍在への広がりは社会制度の基本設計に関わる動向であり，博物館としての役割の深さと広がりを特徴づける。

（3）フロントヤード，バックヤード，ミドルヤード

　博物館を設計するとき，施設の部門構成と所要室の機能を検討する。その際に公開部分と非公開部分に大きく分けることができる。公開部分は施設の「フロントヤード」に相当し，以下の部門からなる。①導入部門：エントランス，ミュージアム・ショップ，カフェ，共用部分等。②教育普及部門：レクチャー・ホール，ライブラリ，実習室等。③展示部門：企画展示室，常設展示室，一般展示室等。一方，非公開部分とは施設の「バックヤード」に相当し，以下の部門からなる。④収蔵部門：収蔵庫，保存修復室，燻蒸庫，荷解室等。⑤調査研究部門：調査研究室，資料室等。⑥管理事務部門：管理事務室，館長室，会議室等。⑦その他共用部門：廊下，階段，便所等。⑧設備部門：機械室，電気室等。

　フロントヤードは展示・教育等の公開領域であり，バックヤードは収蔵・管理等の非公開領域である。国内の美術館建築の比較調査結果によると，美術館24館の平均値では，公開部分が51％，非公開部分が49％とほぼ半々の割合であった（建築思潮研究所編，1994）。この数値は，その施設の基幹機能や規模によって変わってくる。

　フロントヤードとバックヤードに二分するだけでなく，両者の中間的領域を設定する考え方が「ミドルヤード」である。東京大学総合研究博物館の洪恒夫客員教授は「ミュージアムの魅力は一般の人が入ることができる展示室などの公開スペース（フロントヤード）と収蔵庫や学芸・研究活動が行われている非公開スペース（バックヤード）との中間領域にあるのではないか」と述べている（洪，2016）。同館の『UMUT オープンラボ』展（2016－2019/2021－）において，収蔵の一部を展示として見せる「収蔵型展示」から，収蔵のあり方自体を展示化する「展示型収蔵」への試みへと展開し，ミドルヤードの理念が具体化されている。

（4）モバイルミュージアム

　歴史家の青柳正規氏によると，世界には蓄積文化と循環文化があるという（青柳・大石，2018）。物質的永続を希求するヨーロッパの文化は蓄積型，環境的共生を基盤とする日本の文化は循環型の傾向がある。蓄積文化の象徴である博物館について，従来とは別のアプローチを創出することはできないか。「モバイルミュージアム」は博物館理念の転換をはかる実験試行として始まり，「遊動型博物館」とも呼ばれる。東京大学総合研究博物館の西野嘉章元館長の構想を具現化したもので，2006（平成18）年の開始から2024（令和6）年に至るまでに220を超えるプロジェクトが実行された。「「モバイルミュージアム」の眼目は，既存の概念・制度・建物のなかに自閉し，未来への展望を持ち得ずにいるミュー

ジアム事業に，内から外へ，集中備蓄からネットワーク遊動へ，施設建物から市民社会へという，よりアクティヴで，より機動的で，より効率的な事業モデルのあり得ることを，社会に向かって提案することにある。」と宣言されている（西野，2007）。博物館の学術資源を自所に溜めこむだけでなく，外部に流動させて社会全体で共有・活用する循環型の取り組みである。

　モバイルミュージアムの特性は，小型（compact），分散（distributed），連携（networked），共有（common），再生（regenerated）という点にある（松本，2007）。これらは，既存の蓄積型ミュージアムの特徴（大型，集中，単独，専有，保存）にことごとく相反するものである。ハコモノとして完結した巨大博物館をつくるのではなく，既存の社会空間の中にミュージアムの小型ユニットを挿入していく。たった一つの展示物という最小単位から博物館を立ち上げることができる。これらのユニットは，オフィス，学校，住宅，駅，官庁，公園といった場所を小さな博物館に変えていく。小型であることによって，既存空間に無理なく組み込むことができる。

　モバイルミュージアムはシステムとしてのミュージアムである。この

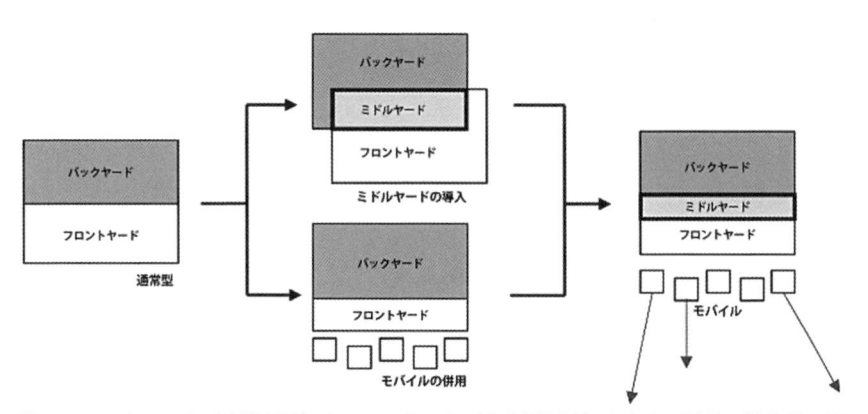

注：フロントヤード（公開領域）とバックヤード（非公開領域）からなる通常の博物館に対して，ミドルヤード（中間領域）とモバイルミュージアム（遊動展示）を導入する。
出典：筆者作成

図3-2　博物館の空間構成

ような流動的な環境の中に博物館を設けるとき，それは刹那的でミクロ的で不定形でありながら生命力に溢れたものになるかもしれない。結局のところ，「循環の小拠点」が「蓄積の殿堂」を淘汰消滅させることはないだろう。モバイルミュージアムの本質は「時間的」なものであり，それは，「循環」という継続現象の中で光を放つものである。

　前項でふれたフロントヤード（公開領域）とバックヤード（非公開領域）からなる通常の博物館に対して，ミドルヤード（中間領域）とモバイルミュージアム（遊動展示）を導入する概念図を示す（図3-2）。

3. 次世代博物館の展望

　次世代の博物館を構想するにあたって，博物館に期待される成果，博物館の基本理念を展望しておきたい。ここでは東京大学総合研究博物館による受託研究の成果を参照する（西野他，2012）。

（1）次世代博物館に期待される成果

　次世代博物館に期待される成果について，「社会浸透」，「機会創造」，「知的充足」，「活動誘発」という4つ視点から考えてみたい。

　①**社会浸透**：博物館は社会生活に深く浸透する。これまでの博物館は，自然や文化に関する特別な集積場所であり非日常的な観覧場所であった。一方，次世代博物館は，より身近で日常的な「システム」として社会生活のさまざまな場面に関わる存在になるだろう。学校やオフィスや商業施設など，普段の生活空間の一部に小さな博物館が導入され，それが都市圏域の至る所に分散して存在する。専用施設として孤立するのではなく，多様な社会空間の中に博物館が深く浸透することが考えられる。局所集中型から広域分散型への流れは，社会制度の今後のグランドデザインに想定される方向性の一つである。

②**機会創出**：博物館は新たな体験の機会を創出する。日常生活に深く浸透することにより，博物館はより多くの人々に新たな体験を提供する場所になる。普段は博物館・美術館・資料館などに足を運ぶことが少なくても，学校教室や公共空間やオフィス・ロビーなど身近な場所に置かれた博物館展示に接する機会が増加する。これまでの局所集中型の施設は資料集約という点では効率的であるが，利用者の機会創出という点では必ずしも有効性が高いとはいえない。広域分散型の博物館は，ローカル・サイトにおける接点の拡充という意味で，市民により多くの体験を提供することになる。

③**知的充足**：博物館は人々に知的充足をもたらす。博物館・美術館・資料館などの優れたコレクションは，学術資料や文化資料として貴重な意味をもつ。それは多くの場合，学術研究のために保管されるものであり，一般の人々の目に触れる機会は限られる。すなわち，多くのコレクションは保存が目的であり，活用は二次的な課題になっている。学術研究に支障が無い範囲で公開資料を増やせば，それが人々の目にとまり，好奇心を高め，知的充足を与える可能性が高くなる。専門家や研究者だけでなく，広く市民の知的関心の向上に寄与することが重要になる。

④**活動誘発**：博物館は人々の自発的な活動を誘発する。博物館は，過去の資料の保存収集の拠点であるだけでなく，未来に向けた創造再生の拠点となる場所である。すなわち，自然文化に関するさまざまな知的関心を高め，そこから自発的な学習，先進的な研究，独創的なデザインなどの活動を実践し支援する発信地となる。ここでいう創造再生とは，ゼロの状態から新しい創造を行うことに加えて，資源再生による創造，すなわち蓄積された博物資源を活用して再価値化を行うことを含む。次世代博物館は与えられたコンテンツを消化する場所ではなく，むしろコンテンツをつくりだす場所になるのである。

（2）次世代博物館の基本理念

　次世代博物館によって革新的な文化事業を推進するにあたって必要となるいくつかの基本理念＝アイディアの種子をあげてみたい。それは，「広域分散」，「資源共有」，「事業連携」，「市民参加」の４つである。これらはそれぞれ，バショ，モノ，コト，ヒトについての考え方を示している。

　①**広域分散**（バショ）：博物館は都市圏域に広く分散したものになる。それは単独のハコモノではなく，ネットワーク状に結びついたシステムである。集中型から分散型への転換は，「地域＝博物館」という明快かつ広汎な事業構想をもたらす。この事業は今後の社会制度のあり方を先取りしたもので，それを有効に機能させるためのシステム・デザインが重要になる。次世代博物館のシステムは複数の層からなり，それぞれが異なる社会空間との関わりを持ちながら全体を統合する。たとえば，スクール，ストリート，コア（拠点）という３つの層を想定してみる。スクールは博物館と学校教育との連携，ストリートは博物館と都市基盤との相関，コアは資源の蓄積と流動を生み出す。広域分散という基本的な空間特性により，この後に述べる資源共有，事業連携，市民参加の実行可能性が高まる。

　②**資源共有**（モノ）：博物館は地域資源を幅広く共有するものになる。一般に従来型の博物館は学術的・歴史的に意味のある資料を限定的に収集保存する。しかしその判断を行う研究者や学芸員の数は限られ，かといって無目的かつ全面的に収集するには物理的規模の制約がある。次世代博物館に広域分散という特質を与えることによって，地域資源を幅広く捕捉し，それを多数の人間によって共有することができるようになる。博物館の目的は，自然環境や社会環境を含む地域社会の総体的な理解と記録ということになる。閉鎖系の拠点に限定的に保存するのではなく，

開放系の空間群から地域資源を「参照する」という新しい収集保存形態が想起される。資源の「所有」から「共有」への転換は，未来社会の本質的な課題の一つである。

　③**事業連携**（コト）：博物館は事業施策を横断的に連携するものになる。行政の事業分野の垣根を部分的に取り払い，目標のために機能を融合する試みである。スクール・モバイルミュージアムでは「学校教育と文化事業の連携」，ストリート・モバイルミュージアムでは「まちづくりと文化事業の連携」がポイントになる。事業連携は行政内部だけでなく産学官の枠組みにも拡張する。民間の開発事業と行政の文化事業の連携，大学等研究機関と学校教育の連携などがありうる。さらには個人やNPOなどを含めて連携の枠組みは広がっていく。このことは，次世代博物館が縦割型の専用制度として存立するのではなく，テーマ別に水平連携を取りながら成立する柔軟な共用制度であることを示唆している。業務における「分割」から「連携」への転換は，次項で述べる参加型の人的体制にもつながる。

　④**市民参加**（ヒト）：博物館は継続的な市民参加によって成立する。次世代博物館は自治体や組織がトップダウン的につくるだけでなく，幅広い市民の参加によって徐々に浸透し成長させることもできる。児童，家族，教員，研究者，勤労者，高齢者をはじめさまざまな立場の市民が，博物館における鑑賞，学習，探求，収集，企画，制作，運営に関わることにより，地域に根差した博物館として成長していく。次世代博物館は市民の知的関心を集めた記憶の集蔵体として後世に伝わるものになる。受動的利用から能動的参加への転換は，「ユーザ」主体の新しい博物館像をつくり上げる。

参考文献

- 青柳正規・大石久和「対談 蓄積の西欧，循環の日本。文化の差はどこから来たのか」『土木学会誌』（103 (1)（土木学会，2018 年，pp.4-7)）
- 磯崎新『造物主義論　デミウルゴモルフィスム』（鹿島出版会，1996 年）
- 建築思潮研究所編『建築設計資料 49 美術館 2』（建築資料研究社，1994 年，pp.18-21)
- 洪恒夫「本館リニュアルにおける「展示型収蔵」の試み」『東京大学総合研究博物館ニュース　ウロボロス』(21) 1（東京大学総合研究博物館，2016 年，pp.4-5)
- 国際博物館会議「博物館の定義」(2022 年）ICOM 日本委員会ホームページ https://icomjapan.org/journal/2023/01/16/p-3188/（2024 年 8 月 25 日最終確認）
- 西野嘉章「巨大集中型のミュージアムから分散携帯型のミュージアムへ——博物館存在様態のパラダイム変換を図るべく投企された産学連携プロジェクト「モバイルミュージアム」」(2007 年）東京大学総合研究博物館ホームページ https://www.um.u-tokyo.ac.jp/mobilemuseum/concept.html（2024 年 8 月 25 日最終確認）
- 西野嘉章・洪恒夫・松本文夫・寺田鮎美『東京大学総合研究博物館受託研究　札幌市におけるモバイルミュージアムの実践可能性に関する調査研究　報告書』（札幌市，2012 年，pp.139-142)
- 福澤諭吉『西洋事情』初編一（尚古堂，1866 年）
- フーコー，ミシェル著，渡辺一民・佐々木明訳『言葉と物——人文科学の考古学』（新潮社，1974，p.155)
- 松本文夫「蓄積から循環へ——流動するミュージアム」『東京大学総合研究博物館ニュース　ウロボロス』(12) 1（東京大学総合研究博物館，2007 年，pp.12-13)
- 吉田憲司『博物館概論』（放送大学教育振興会，2011 年，pp.36-58)
- Cameron, Duncan (1974) "The Museum: a Temple or the Forum," Journal of World History 4(1), pp.189-202.

4 | 展示空間

松本　文夫

《**本章の目標＆ポイント**》　展示空間のデザインには，空間の構成，物と情報の配置，体験の創出という検討分野がある。その具現化のため，動線計画，成長変化，空間設計，採光計画，展示表現，展示列品，関係構築，集約蓄積などの計画手法について学ぶ。
《**キーワード**》　展示空間，デザイン，空間構成，物と情報，体験創出

1. 展示空間のデザイン

（1）デザインの概要

　本章では展示空間のデザインとその計画手法について具体的な事例を交えて学んでいく。そもそも，「デザイン」とはなんであろうか。Designの語源はラテン語の Designare とされ，これは「計画を記号に表すこと」を意味する。デザインとは端的にいえば「アイディアをカタチにすること」である。アイディアとは人間の想いやイメージであり，カタチとはそれを作品や設計図やプログラムなどの成果として具現化したものである（フィジカルな実体であるとは限らない）。デザインの目的には問題解決（solution）と価値創造（creation）の2つがある。前者は与条件，制約，不具合などをクリアして最善の提案を示すことであり，後者は新たな可能性・意味・機能を提起し，充足感，革新性，汎用性をもたらすことである。デザインとアートは重なる部分は多いが，デザインでは「創る人間」と「使う人間」の相互関係がより重要になる可能性がある。

　展示空間のデザインにおいて，「アイディアをカタチにする」とは具体

的にどのようなことを意味するのか。展示はコミュニケーションのメディアであり，展示を企画する側がそのコンテンツを観覧者に伝え体験する場をつくることである。ここではデザインを，「空間の構成」，「物と情報の配置」，「体験の創出」という３つの階層に分けて考えてみる（**巻頭口絵②**）。それぞれ，建築，展示，行動に関わるデザインである。

（２）空間の構成

「空間の構成」は展示空間のデザインの枠組に関わる根本的な検討分野である。空間の構成を検討するときは施設全体のプログラムの把握が重要となる。そのために，対象となる空間の「スケール」（規模尺度）の把握，「ゾーニング」（機能区分）の設定，「サーキュレーション」（動線）の計画に着目する。

「スケール」は計画範囲の規模や大きさに関わる。広い範囲から狭い範囲に向けて，都市空間，施設空間，室空間，身体空間といった空間に着眼できる。デザインとして共通しているのは，どのようなスケールであっても，「人間と空間」の関係を念頭において適切に検討することである。都市のスケールでは，都市的なゾーニング，施設へのアプローチ，外部環境との関わりなどを検討する。施設のスケールでは，建築本体の規模，機能とプログラム，空間配置や動線などを計画する。室のスケールでは展示や教育の目的をもつ各空間の機能・仕様・演出を検討する。身体のスケールでは，人間が物と対峙する場を原寸レベルで設計する。縮尺が大きく（範囲が狭く）なるにつれて，空間内の場所のしつらえや物との関係性が検討課題になる。

「ゾーニング」は施設の機能に関わる領域的な構成である。博物館の一般的な施設構成としてフロントヤードとバックヤードがあることを述べた（３章２節（３））。このような基本構成に対して，境界領域のミド

ルヤードと外部領域のモバイルミュージアムを加えることで，博物館の空間構成の可能性は拡張する。

　「サーキュレーション」は施設における人や物の動きである。空間群を機能的に連関させ，訪問者や管理者が移動するルートを確保する。その解決方法は一つではない。4 章 2 節の「空間の計画手法」のなかで事例をとおしてみていきたい。

（3）物と情報の配置

　「物と情報の配置」は展示空間のデザインの内容的な中枢を占める部分であり，空間，人間，物，情報の相互関係を適切に組み立てることが重要になる。ここでデザインを考える手段として，博物館に収蔵された標本・資料・作品などの「物と情報」のステイタスを「モノ」，「アーカイヴ」，「コンテンツ」，「オブジェクト」という 4 つの状況から考える。

　「モノ」とは博物館の収蔵品としての同定や分類整理が完了していない状況を示す。物が整理されていれば扱いやすいが，物の帰属が不明確でバラバラの状況だと博物館資料としては扱いにくい。

　「アーカイヴ」は収蔵品としての全体的な分類整理が進み，物と情報が紐付けられた状況である。アーカイヴにはいくつかの重要なコレクションが含まれ，または新たなコレクションが構築される。物は適切な場所に整理して保管され，情報はデータベースで管理される。アーカイヴは博物館の収集保存の機能におけるゴールとなる。

　「コンテンツ」は物と情報を選択的に構成した状況を示す。展示においてはアーカイヴの膨大な資料群の中から学芸担当者が企画意図に沿った物と情報を選択してストーリーを構築することがある。また学術研究においては，解釈や仮説の形成においてコンテンツを提示する。

　「オブジェクト」は物と情報が単独または少数で抽出された状況であ

る。その対象が美的または学術的に強いメッセージを発するような場合がある。そこには物の再解釈あるいは解釈の拒絶すらも存在しうる。

　博物館における物と情報のステイタス「モノ，アーカイヴ，コンテンツ，オブジェクト」は，言語に置き換えれば「言葉，辞書，物語，詩」にも通じる多様な状態をとりうるのである。博物館や美術館における展示は，コンテンツの形式をとるものが多い。一方で特定の意図をもった取捨選択を控えて，アーカイヴの全容を伝えるような展示も存在する。

　物と情報の配置を決めるときに，その配置の根拠となるいくつかの展示方法がある。分類展示（自然的分類，人為的分類），生態展示，動態展示，課題展示，総合展示といったものである。自然的，分野的，地域的な分類，時間的な順序などを考慮にいれる（倉田・矢島，1997）。

（4）体験の創出

　体験の創出は，空間，物，情報と連動して，それらと人間との関わりを計画することである。人間と空間，人間と物／情報，そして人間どうしの「つながり」の体験を生み出すことである。コミュニケーションの介在によって展示体験は変化する。つながりの相互関係には，「スタンドアロン」，「ネットワーク」，「オープンラボ」という3つの段階が想定できる。

　「スタンドアロン」は，個人が個別の対象（物・情報・空間）に直接対面する体験である。一般的な展示観覧に相当し，個人的な観察を通して対象と向き合い，空間内の移動によって展示全体への理解を深めていく。

　「ネットワーク」は，個人が他者との関係を通じて対象（物・情報・空間）に結び付く体験である。たとえば案内者の説明を聞きながら見学する，友人と一緒に対話しながら鑑賞するときに，スタンドアロンとは異

なる相互的な理解や気づきに至ることがある。

　「オープンラボ」は，ネットワークにおけるコミュニケーションの効果を積極的に導入した体験企画である。完成した展示を個人が受動的に鑑賞するだけでなく，さまざまな関連イベントへの参加をとおして展示への理解を深めていく。ギャラリートークやレクチャによって展示自体や関連テーマへの関心を広げ，ワークショップやラボなどを介して展示物の制作や実験の成果創出に至ることもある。オープンラボでは，来館者が積極的に博物館のアクティビティに参加し，コミュニケーションを介して能動的にコンテンツの生成に関与することができる。まさに博物館による「公開研究室」であり，現在進行形の「動態展示」が実現される。このような拡張された展示体験を実現する補助手段として，音声・映像・情報の補助デバイスやアプリケーションを用いることもできる。

2.　空間の計画手法

（1）動線計画

　動線計画は建築における人や物の流れを設計することである。博物館建築の動線計画は展示体験の骨格を形成するものとなる。以下，基本的な動線のあり方として，「極小の動線」，「直進する動線」，「回帰する動線」，「自由な動線」の4つのパターンを紹介する。

　「極小の動線」とは動線が発現する間際の状態であり，動かなくても一覧できる強い場所性に結びつく。長野県の碌山美術館（1958，数字は建物の開館年を示す）はその珠玉の実例である。100㎡に満たない小さな展示室には，荻原碌山のブロンズ像が窓からの光を受けて同じ向きに配されている。今井兼次による建築は美術館のミニマルな完成形である。

　「直進する動線」は空間が直列に並んで配置された状態であり，長いギャラリー空間に通じる形式である。ミュンヘンのアルテ・ピナコテー

ク（1836）は，レオ・フォン・クレンツェの設計で英文字のⅠに似た細長い外形をもつ（**図4-1-Ａ**）。始点と終点がある明快な動線計画で，ヨーロッパにいくつかの類例がつくられた。

「回帰する動線」は展示室をぐるりと巡回して出発点に戻ってくる構成である。カール・フリードリッヒ・シンケルが設計したベルリンのアルテス・ムゼウム（1830）にみられる。ギリシアの列柱とローマのドームを抱えた新古典主義の名作であるが，周回型の空間群という新しい提案を組み込み，近代の博物館建築の原型の一つとなった。

「自由な動線」は人の動き方を決めつけない応用自在なユニバーサル・スペースが前提となる。ベルリンのニュー・ナショナル・ギャラリー（1968）は，その思考の純粋性を残す大空間である。ミース・ファン・デル・ローエが設計した広大な上階展示室は，企画内容に応じて自由な空間構成を可能にし，また来館者の多様な動き方に対応できる。

注：**Ａ**＝動線計画（アルテ・ピナコテーク），**Ｂ**＝成長変化（ヘドマルク博物館），**Ｃ**＝空間設計（十和田市現代美術館），**Ｄ**＝採光計画（キンベル美術館）
写真：Ａ・Ｂ・Ｃ＝筆者撮影，Ｄ＝Public Domain

図4-1（Ａ, Ｂ, Ｃ, Ｄ）　空間の計画手法の事例

（2）成長変化

　成長変化は近代以降の建築に潜在する共通の課題である。特に博物館や図書館のような蓄積機能をもつ施設では，収集資料の増加が課題となる。資料が増えるにつれて収蔵場所や展示空間が不足し，建物の増床や増築の可能性が検討される。しかし，成長をあらかじめ施設の計画に盛り込んでおくことは容易ではない。

　建築の成長を意識的に取りあげた建築家にル・コルビュジエがいる。彼は 1939 年の無限成長美術館計画において，四角い螺旋状の展示室を外に拡張していく仕組みを考えた。末端に同じユニットの空間を足していく付加成長の戦略である。この美術館は実現することはなかったが，上野の国立西洋美術館（1959）にその発想の痕跡を認めることができる。

　一方，磯崎新は大分県立大分図書館（1966）の設計に際してプロセス・プランニングを提唱した。建築プログラムを動態的に捉え，延伸可能な樹状のスケルトンによって全体が構成されている。成長するプロセスを切断する行為が設計となる。結局，上野も大分も当初のイメージのように増築されることはなかった。

　成長の具体的な成功事例として，デンマークのルイジアナ近代美術館がある。ヨルゲン・ボーとヴィルヘルム・ヴォラートの設計になる美術館は，1958 年の竣工から 7 段階にわたって増築されてきた。海に面した森を敷地として展示室と回廊がネックレスのように繋がれ，アートの理想郷ともいうべき現在の姿に至っている。その根底にある思想は，建築を閉じずに開くこと，そして空間を分けずに結ぶことである。

　さて「成長」の問題は，建築における時間の考え方に行きつく。ノルウェーのヘドマルク博物館（1979）は，異なる時代の建築が一体化された施設である（**図 4 - 1 - B**）。敷地にある 13 世紀と 18〜19 世紀の遺構を残したまま，その上に 20 世紀の博物館が重ねられた。設計者のスヴ

ェレ・フェーンは新しい素材や構造を慎重に挿入し，新旧の要素を自律的に共存させている。博物館の成長は空間的であるとともに時間的である。その継承の理念が問われており，異なる時間の共存は博物館の根源的な課題といえる。

（3）空間設計

　空間の構成については展示空間デザインの基本要素として前述した。ここでは，スケールによる展開に加えて，具体的な空間設計の考え方について事例をとおしてみていきたい。空間を分けることと繋ぐことについて，「前衛と後衛」，「階層の縦断」，「分散と連携」，「都市の埋蔵」という4つの視点を提示する。

　「前衛と後衛」は，3章2節（3）でふれたように，博物館における公開領域としてのフロントヤードおよび非公開領域としてのバックヤードの構成に関わる視点である。内井昭蔵が設計した東京都の世田谷美術館（1986）ではこれらのエリアが廊下でつながれた明快な空間構成をなす。前衛と後衛の中間領域として，ミドルヤードを設定する考え方についてはすでに紹介したとおりである。

　「階層の縦断」は，順番に並べられた空間の階層を直交して横切るような空間構成に関わる視点である。ロンドンの大英博物館では，グレート・コートから展示エリアに入ると，古代エジプト，中東，古代ギリシアの数々の展示室がミルフィーユのように層状に並んでいる。それらを中央で縦断する主動線は，いわば展示空間をインデックスのように一覧する役割を果たしている。

　「分散と連携」は，空間が集約されて一体化するのではなく，空間が分散しつつ相互に連携するような構成に関わる視点である。展示室を個々の空間として独立させ，空間群を動線でつなぐ空間構成である。西沢立

衛の設計による青森県の十和田市現代美術館（2008）では，作品ごとに独立した展示室が与えられ，それらを回廊で結んでいる（**図4-1-C**）。ネットワーク型の空間構成といってもよい。

「都市の埋蔵」とは，博物館という施設建築の中に都市のような面的な複合性を内包させる視点である。妹島和世と西沢立衛の設計による金沢21世紀美術館（2004）では，まちに開かれた美術館として円形のアウトラインをもち，街並みのように格子状に分割された空間群で内部を構成している。フレキシブルな活用が可能な，まさに都市を埋蔵したような美術館である。

（4）彩光計画

彩光計画は，博物館の展示空間等における光の導入および視覚的環境の形成にかかわる視点である。空間への光の導入は建築設計の重要な検討課題である。「天窓の採光」，「明度の領域」，「制御の階層」，「重層する光」という視点からミュージアムの採光計画をみていく。

「天窓の採光」は上部からの自然採光の方法である。早期の事例としてロンドンのダリッジ絵画ギャラリー（1817）がある。新古典主義の建築家ジョン・ソーンが設計したこの美術館は，壁面に開口部をほとんど設けず，屋根に配した多数のスカイライト（天窓）から光を取り込んでいる。この画期的な方法はその後の美術館建築における採光の基本形となった。

スカイライトの考え方を一段と進化させ，比類なき水準に高めたのはフォートワースのキンベル美術館（1972）である（**図4-1-D**）。建築家のルイス・カーンは曲面屋根の頂部を走るスリットから自然光を入れ，下部の金属パネルで反射させ，曲面屋根の内側で再び反射させて展示空間を満たす計画とした。反射を重ねることで直射光は柔らかい拡散光に

転じ，空間内に光による未曾有の「明度の領域」をつくりだしている。

　一方で反射ではなくフィルタリングによる光の制御を試行したのは，バーゼルのバイエラー財団美術館（1997）である。建築家のレンゾ・ピアノは展示室の天井に5層からなる光の「制御の階層」を挿入した。上から，直射光を遮る半透明ガラス，紫外線除去をになう複層ガラス，コンピュータ制御のルーバー，展示室側のガラス天井，金属メッシュ天井である。

　実際のところ，博物館・美術館における自然採光は敬遠される傾向にある。太陽光からの展示物の保護，一定の光環境の確保，演出の幅広さといった観点から，LED等の照明器具によるライティングが主流となっている。しかし自然界の光のダイナミズムを一律になきものとするのは望ましくない。自然光と人工光の共存を含め，今後も試行錯誤が必要であろう。

　「重層する光」は自然採光を複数の階にわたって実現するアイディアである。オーストリアのブレゲンツ美術館（1997）は，遠目では半透明のガラスで覆われたビルに見える。設計者のピーター・ズントーは建物を「光の箱」にする考え方を打ち出した。ガラスの内側にはコンクリートの箱を隙間をあけて積み上げた別の構造体がある。箱と箱の隙間から導入された光が，天井の拡散面を介して展示室に落ちるようになっている。

3. 物と情報の計画手法

（1）展示表現

　博物館における展示表現について，東京大学総合研究博物館（以下，東大総博）における事例を参考にして考えたい。「研究現場展示」，「動態進行展示」，「時空系列展示」，「共通テーマ展示」の順にみていく。

　「研究現場展示」は，大学における研究教育の現場をそのまま見せるオ

ープンラボ型の展示である。東大総博の常設展示『UMUT オープンラボ
――太陽系から人類へ』展（2016 – 2019/2021 –）では，総合研究博物
館における多様な学術分野にわたる研究教育の成果を集約して見せてい
る（**図 4 - 2 - E**）。展示空間の中に公開研究室を配し，また展示室の壁
面を什器として標本収蔵に使うなど，研究現場の雰囲気をそのまま伝え
る濃密な展示空間に特徴をもつ。

　「動態進行展示」は，完成形ではなく制作過程を見せる現在進行型の
展示である。東大総博の特別展示『UMUT オープンラボ――建築模型
の博物都市』展（2008 – 2009）では，世界の有名建築の縮小模型が展示
された。模型は東京大学の学生らが制作したもので，展示室中央の模型
制作デスクでの作業風景をそのまま見せた。さまざまなレクチャやツア
ーがこの展示室で行われ，その成果が事後的に書籍としてまとめられた。

注：**E**＝展示表現（東京大学総合研究博物館 本郷本館），**F**＝展示列品（国立自然史博物館
　　進化大陳列館），**G**＝関係構築（東京大学総合研究博物館 小石川分館），**H**＝集約蓄積（ハ
　　ドリアヌス帝の別荘）
写真：E＝フォワードストローク撮影，F・G・H＝筆者撮影

図 4 - 2（E, F, G, H）　物と情報の計画手法の事例

　「時空系列展示」は，展示内容を時系列に沿って展開しつつ，空間的なスケールの変化を内包した展示である。福島県の「楢葉町×東京大学総合研究博物館連携ミュージアム　大地とまちのタイムライン」(2023)では，地球の内部や大地が活動を続けながら，生命が誕生し人類の文明が栄えた壮大な流れをタイムラインと捉えている。太古から現在までの時間的スケール，および楢葉町から太陽系までの空間的スケールの広がりのなかで展示を展開している。

　「共通テーマ展示」は，ある共通のテーマや視点から多様な分野を横断的に構成する展示である。東大総博小石川分館の常設展示『建築博物誌／アーキテクトニカ』展（2013－）では，建築ミュージアムとして「アーキテクチャ（構成原理)」というテーマを設定した。そのうえで，建築物に限らず，さまざまな自然物および人工物に内在するアーキテクチャ（構成原理）に着目して展示を展開した。異なる分野の事物をつなげる着眼点をもつことも重要になる。

（2）展示列品

　標本や資料や作品を展示空間に設置することを展示列品という。展示表現の方針に従って物と情報を配列し，コンテンツの最終的な見え方を確定するきわめて重要な作業である。具体的な展示列品を考えるうえで興味深く，対照的にも見える2つの施設がパリの国立自然史博物館にある。進化大陳列館（1994）（**図4-2-F**）と古生物学・比較解剖学館（1898）である。前者は「選択と配列」，後者は「全容の開示」という特徴をもつ。

　進化大陳列館は，エコール・デ・ボザールの建築家ルイ＝ジュール・アンドレが設計し，1889年のパリ万国博覧会の時にオープンした。新古典主義的な外観を維持しつつ，1994年にポール・シュメトフによって改

装され，内部は鉄骨を駆使した壮大なアトリウム空間となっている。中央ホールにはアフリカの哺乳類の剥製が大行進のように並べられている。方舟に乗り込むかのようなその隊列は，フィールドの再現というよりも，動物の多様性の縮約された表現である。ここでは「選択と配列」という展示上の意図が感じられる。

　一方，古生物学・比較解剖学館は，1889 年のパリ万国博覧会の機械館で知られるフェルディナン・デュテールの設計で 1898 年に完成した。ミュンヘンのアルテ・ピナコテーク（1836）に似た，直進型の細長い平面形の施設である。この比較解剖学の展示室は骨の殿堂とも呼べる場所で，約 1,000 点の骨格標本で埋め尽くされている。脊椎動物に共通する骨格の構成から，系統群の相違点にも注目している。ここでは骨格という形式をベースとして「全容の開示」が意図されている。

　2 つの施設の展示列品は，ミュージアムにおけるコンテンツとアーカイヴの可能性を示している。物語を選び取るのか，すべての素材を見せるのか。このような部分と全体の取り扱いには，さらなる展開の余地がありそうである。

（3）関係構築

　物と情報のデザインは，物自体の特性とその情報内容の双方に関わる。博物学は物と情報を結びつける作業であるが，展示とはその表裏一体の関係を柔軟に拡張させ，新しい関係を提示するプロセスにもなりうる。ここでは関係構築の可能性として，「実体と映像の融合」，「集成と統合」，「分野の横断」，「空間の転生」という 4 つの視点を導入する。

　「実体と映像の融合」は，実体物の展示に映像を投影して空間表現として融合させる手法である。物に映像を重ねることで，複合的な視覚効果や訴求効果が生み出される。東大総博小石川分館の『IMAGINARIA—

映像博物学の実験室』展（2011）では，建築の外壁，植物園の日本庭園，建物内の展示物や展示空間に映像を投影したほか，来館者が小型プロジェクタでイメージを投影しながら館内を巡回するイベントも実施された（図４-２-Ｇ）。ある種の空間的なプロジェクション・マッピングであり，既存の展示を変容させる効果がある。

「集成と統合」は，本来はバラバラの標本群を集めて展示オブジェクトとして統合する手法である。博物館における通常の分類区分を超越して標本を結集させ，新しい隣接関係のもとで再配置することによって異なる資源価値を見出すことができる。「建築の記憶」および「20世紀の建築」という２つの建築模型はともに東大総博の『空間博物学の新展開／UMUT SPATIUM』展（2021-2023）で展示されたもので，記憶に残る建築や20世紀を代表する建築を同一縮尺で集約している。

「分野の横断」は，共通のテーマを介してさまざまな分野の学術研究の成果を横断的に捉える手法である。東大総博小石川分館の『建築博物教室』では，「アーキテクチャ（構成原理）」をテーマに多様な分野の研究者が講演を行い，それぞれのアーキテクチャに関わるモバイル展示を制作した。共通の視点で捉えることで，元来違う分野の物たちが同じ言葉で語れるような特徴を帯びてくる。そうした創造的な効果を展示に期待することができる。

「空間の転生」は，歴史的建造物などを当初とは異なる役割や機能に「転生」し，その建築空間を継承しつつ必要な改修を行いながら引き続き活用する手法である。もともとの建造物の特性を再解釈し，施設の新たな活用の仕方を見つけることになる。空間の転生によって博物館に生まれ変わった施設として，元鉄道駅のオルセー美術館（1986），元発電所のテートモダン（2000），元学校建築の東大総博小石川分館（2001），元オフィスビルのインターメディアテク（2013）などがある。

（4）集約蓄積

　物と情報の集約蓄積は博物館の基本的な役割のひとつである。本項では集約蓄積についての特別な事例にあたることで，その本質的な可能性の広がりを考える契機としたい。「複製の宝庫」，「高密の展開」，「展示型収蔵」，「記憶の蓄積」に関わる取り組みをみていく。

　「複製の宝庫」と呼べるような場所がある。博物館ではオリジナル資料の複製品（レプリカ）を製作することがある。ロンドンのヴィクトリア＆アルバート博物館にはキャスト・コート（1873）と呼ばれる大きな展示空間があり，そこには世界の名品のレプリカが集められている。レプリカだからこそ，各地の名作を一ヶ所に集約できるのである。オリジナルの保存とレプリカの活用の両立は，デジタル化されたデータの公開を含め，博物館における集約蓄積の持続可能性を高める方策である。

　「高密の展開」は空間のあらゆる部分を物で埋め尽くそうとするアプローチである。ロンドンのサー・ジョン・ソーン博物館（1837）は，イギリスの新古典主義の建築家ジョン・ソーンの邸宅を博物館にした施設である。ソーン自身が蒐集家であり，絵画，図面，工芸品，建築片，石彫，考古遺物などの膨大なコレクションがあった。自邸の内部にこれらを展開し，濃密な「コレクションの建築」が遺された。物が増え続ける博物館が行き着く，究極の姿といえるかもしれない。

　「展示型収蔵」は，博物館における収蔵スペースの不足を解決するために考えだされた方法である。東京大学総合研究博物館が保有する標本は 350 万点を超えており，毎年万単位で増えている。同館の洪恒夫客員教授は，収蔵スペースに展示機能をもたせる「展示型収蔵」を計画した。たとえば長さ 30m に及ぶ常設展示室の「標本回廊」には数々の標本が展示されているが，実はこの壁面全体が収蔵用の什器になっている。

　「記憶の蓄積」はさまざまな場所に関わる「空間の記憶」をひとつの

領域に集約する試みである。このような取り組みの始源のひとつとして，イタリアのハドリアヌス帝の別荘（118-133）がある（**図4-2-H**）。ローマ皇帝ハドリアヌスは在位中の多くの期間を属州の巡察に費やした。彼は別荘地のティブル（現ティボリ）に戻ると，訪問した属州での記憶を建築として再興していった。もはや「別荘」という建築単体のスケールを超え，ハドリアヌス自身の記憶が集積され，ローマ帝国の原風景が縮約された場所として遺されたのである。こうしてティブルのヴィラでは，長年にわたる個人の想い出が空間的に再創造され，比類なき複雑な全体性をまとうことになる。広大な世界の記憶が一人の人間を介して強い場所性へ凝縮される。博物学への普遍的な問題提起のようでもある。

参考文献

●倉田公裕・矢島國雄『博物館学』（東京堂出版，1997年，pp.184-187）

5 | 展示手法

鶴見　英成

《**本章の目標＆ポイント**》　資料のもつさまざまな情報を引き出しながら，鑑賞しやすく，美しい展示を目指しつつも，同時に過剰な照明による退色や振動による破損などへの対策も考慮する。そのような展示を構想する手法と，設営における技術について，デジタル技術の発展も視野に解説する。
《**キーワード**》　展示手法，技術，光量，温湿度，振動，ハンズオン展示

1. はじめに

　博物館の展示は，単に物を陳列して，鑑賞を見る人の思うに任せるのではなく，メッセージを伝えることが重要である。本章では，実際に展示を制作する博物館側・学芸員側の視点に立って，情報を効果的に伝えるためにどのような工夫をしているかを解説する。本章では，展示作りの工夫について，「手法」と「技術」という分け方をしてとらえることにする。

- **手　法**：メッセージを効果的に伝えるための工夫すべて。たとえば，展示のタイトルの付け方，ポスターのデザイン，会場の選定など，企画構想の根本に関わるアイデアから，展示物の見せ方や解説の方法まで含まれる。
- **技　術**：手法を実現するために，展示制作の現場で採られる主として物質的な手段。たとえば，展示物をケース内にどのように配置するか，どのように固定するかなどの具体的な工夫が含まれる。

2. 展示を構成するもの

　展示空間のデザインは，第4章にて示されたように，以下の3つの階層に分けて考えることができる。

①建築計画（空間の構成）：博物館の建築やその内部外部の空間に関わる階層。動線計画や採光計画などが含まれる。
②展示計画（モノと情報の配置）：展示そのものに関わる階層。展示表現，展示物の配置などが含まれる。
③行動計画（体験の創出）：来館者が展示と接している際の行動に関わる階層。個人での鑑賞から集団での活動まで，さまざまな来館者の体験を考慮する。

　とくに，モノと情報の配置の階層について，どのような手法を用いるかが展示空間デザインの中枢を占める課題である。これは，博物館の建築や空間構成が比較的固定的であるのに対し，展示物や情報の配置は柔軟に変更できるためである。この点を具体的に示すために，同じ展示室で行われた2つの特別展示を比較してみる。それぞれの展示を図5-1，図5-2に示す。
　これらの展示は東京大学総合研究博物館小石川分館の，同じ展示室にて，共通の展示台を多く使用しているが，展示台の配置方法が大きく異なる。貝殻の形態に関する研究成果を示す「貝の建築学」展では，螺旋状に展示台を配置したのに対し，古代アンデスのさまざまな地域・時代の土器を集めた「ボトルビルダーズ」展では，展示台を二重の同心円状に，中央から見て放射状に配置している（図5-3）。
　このような展示台の配置の違いは，来館者の動線や展示体験に大きな

写真：筆者撮影（以下同）

図 5 - 1　特別展示「貝の建築学」

図 5 - 2　特別展示「ボトルビルダーズ」

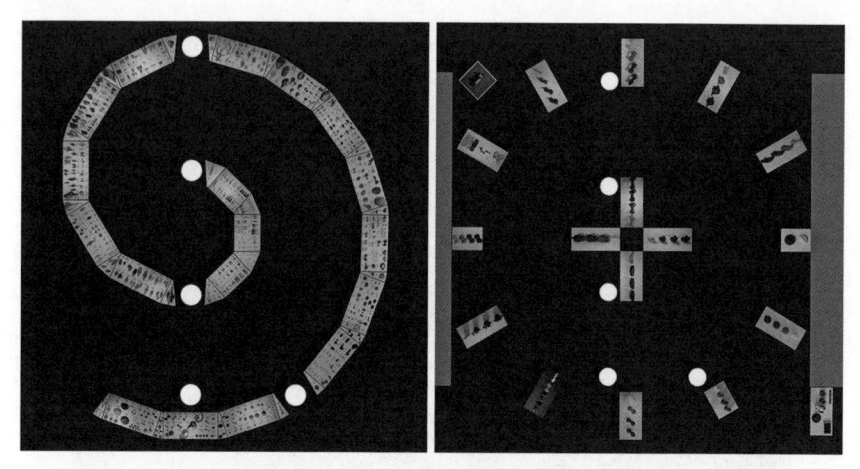

図 5 - 3　展示台の配置（貝殻の展示は螺旋状，土器の展示は放射状）

影響を与える。「貝の建築学」展では，巻きが強く尖った標本ほど中心
部寄りに，巻きがゆるく平たいものほど遠端部に配置されており，来館
者は螺旋に沿って進みながら，貝殻の形態の多様性と統一性を連続的に
観察できる。一方，「ボトルビルダーズ」展では，放射状に配置された
展示台を一つひとつ巡っていくことにより，地域と時代ごとに土器の特
徴を順次鑑賞していくことになる。展示ケース同士が離れているため，
来館者同士も自然と距離を保つことになる。
　展示空間は公開ギャラリーセミナーなどのイベントにも活用される。
「貝の建築学」展でのセミナーでは，螺旋状の展示台に沿って参加者
が集まり，講師の説明を聞きながら実物の貝殻を観察できる密な体験が
可能となった。しかしその後，新型コロナウイルス感染症対策が必要と
なった時期に開催された「ボトルビルダーズ」展では，先述のとおり，
来館者同士が自然と距離を置くようなレイアウトが採用されたのであ
る。イベントの開催にあたっては，壁の近くの 12 台の展示ケースの横

に椅子を一つずつ配置して，聴講者 12 名が中央の講師を遠巻きに囲んで話を聞くという形をとった。

　このように展示デザインには，単に美的ということだけでなく，安全性や公衆衛生の問題にも対応できることが求められる。たとえば展示空間には，来館者の疲労を考慮した休憩スペースも必要である。この小石川分館は建築博物館というテーマを掲げているが，休憩用のソファが建築家ル・コルビュジエのデザインによるものであり，テーマに沿った展示物としての役割も果たしている。このように，展示空間の各要素が複数の機能を持つことで，効果的な展示が可能となる。

3. 展示製作の現場

　展示製作の現場では，さまざまな技術的工夫が施されている。第 4 章において，動線計画，成長変化，空間設計，採光計画という，空間の計画手法の 4 種のパターンについて学んだが，本章では個々の展示ケースや展示物を単位として計画される手法や，施される技術に焦点を当てる。まず，採光計画と深く関わる要素として照明に注目し，次に振動・衝撃への対策した展示手法に触れよう。

（1）照　明

　照明は展示物の情報を効果的に伝えるための重要な手法である。展示空間全体に適切な明るさを確保しつつ，個々の展示物にもまた，適切な光を当てることが求められる。**図 5 - 4** は，打製石器のレプリカを専用の治具に設置し，細部に照明を当てた例である。この石器のレプリカは，表面の微細な凹凸が展示のテーマとして重要であるためである。このような照明の工夫により，展示物の細部まで観察しやすくなり，来館者の理解を深めることができる。

図5-4　石器のレプリカの細部に専用の治具により照明を当てた例（東京大学総合研究博物館小石川分館）

（2）展示物の保護

　一方で生物標本などの有機物を中心として，光に弱い資料には気をつける必要がある。とくに紫外線によって退色してしまうものが多いため，展示室の照明器具を熱放射型ランプや蛍光ランプから，LED照明へと切り替えるなどの対策が多くの館で進められてきた。また展示物ごとに光量を調整したり，紫外線を遮る透明なフィルムを貼り付けたりと，資料の性質にあわせて個別に対策を講じる必要がある。天然染料で染められた織物は光により退色しやすい資料であるが，長期間展示する必要がある場合は，特別な配慮が必要となる。図5-5は常設展示の一部として，長期間ある程度高い光量の照明にさらされている織物の例である。この場合，天然染料を用いない白い木綿のレースを選ぶことで，変色や退色

図 5-5　長期間の露光に耐えうる資料を選定した事例（インターメディアテク）

図 5-6　会場照明を遮断した織物の展示（東京大学総合研究博物館）

のリスクを最小限に抑えつつも，色ではなく形から文様や技法の面白さが伝わるようになっている。また空気の温湿度管理など総合的な保存対策が講じられている。

図5-6はそのような制約を逆手に取って，暗幕のカーテンで会場照明を遮断し，内部の光量を抑えた空間に織物を設置した例である。暗幕の外からうっすらと浮かび上がる織物の姿が来館者の関心を高め，また資料の学術的な貴重性が伝わるという演出的な効果がある。展示物の保存と鑑賞を効果的に両立させる手法と言えよう。

（3）展示物の設置

地震や来館者の衝突による振動は，展示物の破損を招く。博物館建築自体に，あるいは展示ケースに免震構造が備わっていることが理想的であるが，ほとんどの博物館は展示物の形状や特性に応じて，安定した適切な設置方法を選択して対処している。

たとえば底が丸い土器は，そのまま平坦な展示台に置くと不安定になる。そこで，リング状の台座によって支えるなどの対策が必要であり，たいへんバランスの悪い資料の場合は専用のスタンドを制作して安定させる。その他にも，展示物が重さに耐えるようであれば，砂袋などの重しを中に入れ，重心を低くして安定させることも行われる。そして展示設営の最終段階で，底部が平らで安定性が高い土器まで含めて，テグスを張り渡して展示物が動かないよう安定させるのが一般的である。

（4）ハンズオン展示

近年，来館者が直接触れて体験できるハンズオン展示が多様化している。ハンズオン展示については第7章において改めて取り上げるが，ここでは展示物への衝撃の問題に関して事例を挙げておく。

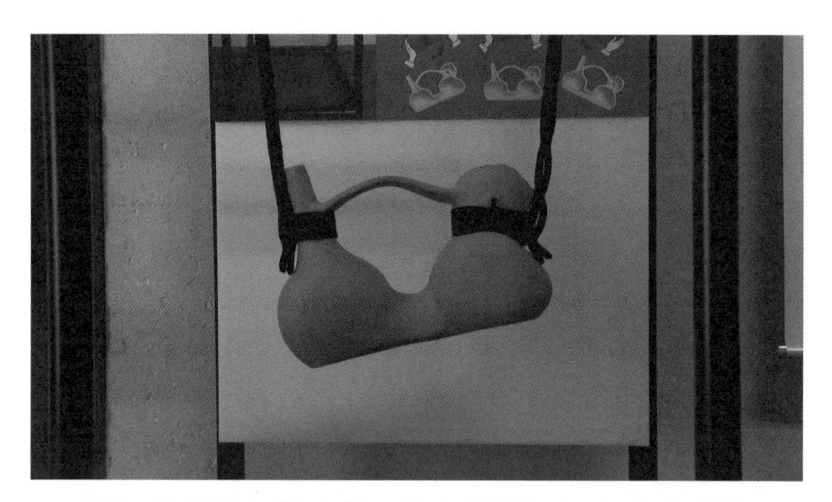

図5-7　笛吹きボトルのレプリカを吊るしたハンズオン展示

　図5-7は，笛吹きボトルのハンズオン展示の準備の様子である（倉敷考古館「音の造形―古代アンデスの笛吹きボトル―」展）。古代アンデスにおいて多く作られた笛吹きボトルは，水を入れて揺り動かすと音が鳴るという興味深い土器である。この展示では，水の入ったレプリカの笛吹きボトルを大きなフレームにロープで吊るし，来館者が自由に触れて音を鳴らせるようになっている。

　笛吹きボトルのハンズオン展示には以下のような利点がある。

- 来館者の興味を引き出し，能動的な学習を促進する。
- 触覚や聴覚など，視覚以外の感覚を通じた理解を深める。
- 子どもから大人まで，幅広い年齢層が楽しめる。

　一方で，定期的なメンテナンスを要すること，感染症対策を含めて衛生面での配慮が必要なことなど，ハンズオン展示の一般的な課題に加えて，レプリカではあるが土器を動かすことによる破損リスクと，動かしすぎて水がこぼれるという点が問題であった。展示台の上に置き，来館

者の自由な動かし方に任せると，そのような事故が起こるのである。図5-7はそのために工夫がなされている。たとえば，ボトルを吊るすことで来館者が過度に傾けて水をこぼすリスクを低減したり，フレームに固定することで落下や衝突による破損を防止したり，レプリカを使用することで貴重な本物の資料を保護している。これらの工夫により，来館者が安全に，かつ自由に展示物を体験できるようになっている。

4. デジタル技術を援用した展示

　デジタル技術の発展は新たな展示手法の展開につながってきたが，機器の性能や通信技術の向上とあわせ，スマートフォンやアプリケーションの普及にともない，多くの館が展示にそれを取り入れるようになり，新たな試みが生まれている。ここでは，そのいくつかの例を紹介する。

（1）VR（仮想現実）技術を用いた展示

　博物館資料の形状を計測して3Dモデルを作ることは，多くの博物館に普及し始めているが，とくにX線CT装置を使う場合は，外観だけでなく内部の様子も記録することができる。第10章でも触れるように，ボトル形土器にX線CTを使用すると，外からは見ることのできない内部の凹凸を観察することができる。このことは研究活動の一環としてさまざまな大学や博物館で進められているが，天理大学附属天理参考館はそのデータを展示に活用し，VRゴーグルで鑑賞するという展示を実施した（「アンデスのツボ―器で旅する北ペルー」展）。来館者はVRゴーグルを装着することで，ボトルの3Dモデルを目の前で自由に回転させ，あらゆる角度から観察し，土器の内部に顔を突っ込んだかのように内面も見ることができる。さらには巨大化したボトルの中に全身で入り込んだかのように，内面を詳細に観察する体験ができる（図5-8）。

　このような VR 技術を用いた展示は，本来はデリケートな資料であっても自由に操作できるうえに，実物では不可能な視点や体験を提供できる点が大きく優れている。機器の操作に不慣れな来館者も想定されるため，上述の展示では体験型のイベントとして所定の日時に，学芸員の立ち会いのもとで実施されていたが，ひとりが VR ゴーグルで見ている映像を，他の来館者は同時にディスプレイで見るなどして，それぞれに適した体験を提供するなど，普及に向けたさまざまな応用を考えていくことができるだろう。

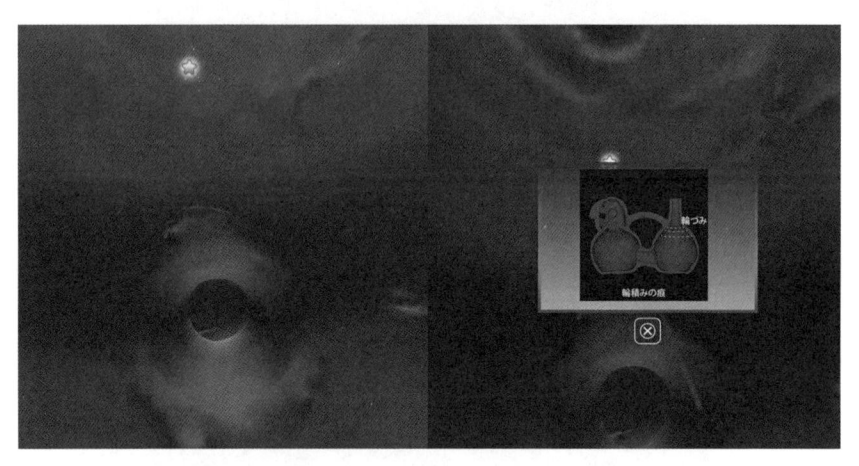

図 5 - 8　巨大な土器の内部に入り，解説を参照しながら内面を観察する VR 展示

（2）AR（拡張現実）を用いた展示

　図5-9は，金沢市立中村記念美術館における陶磁器（堅手茶碗　銘「寒紅梅」）の展示であるが，手前側の像は3D モデルである。展示物の解説に QR コードが付けられており，来館者が自身のスマートフォンでこの QR コードを読み取ると，「金沢ミュージアムプラス」という Web サイトが立ち上がり，スマートフォンの中に展示物の3D モデルが現れる。それを撮影したのがこの写真である。オリジナルの展示物はガラス越しに鑑賞するしかないが，この AR（拡張現実）技術によって回転させたり，

図5-9　AR（拡張現実）を用いた展示（スマートフォン画面）

細部を拡大したりと鑑賞の幅を広げることができる。

　この展示技術にはさまざまな利点がある。ガラスケースの中の展示物でも手に取るように観察できるし，限られた展示スペースにおいて多くの情報を提供できる。そして，来館者が自身のデバイスを使用するため，館側の機器準備の負担が少ない。ただしこの事例で挙げた「金沢ミュージアムプラス」は，博物館展示の鑑賞補助だけを目的としたアプリケーションではない。金沢市が「金沢市デジタルミュージアム構想」に基づいて開発した，市内の複数のミュージアムの所蔵品データベースである。AR によって眼前のディスプレイに茶碗の 3D モデルを表示して鑑賞するというのも，博物館に足を運ばずに自宅などでも体験できる。データベースを展示に活用する手法として，専用の端末を展示場内に設置するキオスク展示が普及しているが，来館者が持参した端末でそれを利用できるようになったこと，多様な機能を備えて情報を発信できる点において，展示手法の大きな変化と言えるであろう。「金沢ミュージアムプラス」は他にも高精細画像での作品鑑賞，音声資料の再生などの機能を備えている。市内の前田土佐守家資料館の展示物にも QR コードが添えてあり，一般的には読むことが困難な古文書の展示の前で，スマートフォンで翻刻文や読み下し文を読むことができる。このようにデジタル技術の活用により，実際の展示空間を超えた情報提供が可能となっている（近藤2025）。

5.　まとめ

　本章では，博物館における展示手法について，以下の点を解説した。展示物の配置や動線計画は，来館者の体験に大きな影響を与える。光や振動などから展示物を保護しつつ，ハンズオン展示まで含めた，充実した鑑賞体験を提供するために，細部にわたる技術的工夫を選択肢に入れ

つつ，見せ方の手法を熟考して展示は制作される。

　VR や AR などのデジタル技術を用いた新しい展示手法の普及と発展はめざましく，提供する体験や情報の幅が大きく広がりつつある。

　展示手法にはそれぞれに長所と短所があり，展示の目的や対象となる資料の特性，来館者の特徴などを考慮して適切に選択する必要がある。また，技術の進歩に伴い，新たな展示手法が次々と登場しているため，学芸員は常に最新の動向を把握し，効果的な展示方法を模索し続けることが求められる。展示は博物館における重要なコミュニケーション手段であり，適切な手法を選択することで，来館者により深い理解と豊かな体験を提供することができる。今後も，従来の手法とデジタル技術を融合させた新たな展示手法の開発が期待される。

参考文献

●近藤智嗣「第9章　デジタル技術による変革」『博物館情報・メディア論（'25)』（放送大学教育振興会，2025年）
●金沢ミュージアムプラス
https://kanazawa-mplus.jp/　　　　　　　　　（2024年9月25日最終確認）

6 | 映像展示

松本　文夫

《**本章の目標＆ポイント**》　博物館において映像は記録／保存の媒体であるとともに，表現／伝達の手段である。本章では映像の起源，発展，理論，表現，制作，展示，保存について概観し，映像を媒体や手段として活用する映像博物学の提起を行う。
《**キーワード**》　文化資源，記録／保存，表現／伝達，コンテンツ，イメージ，映像博物学

1. 文化資源としての映像

（1）映像の起源

　本章では博物館における「映像」の役割とその活用のしかたを学ぶ。博物館において映像は，それ自体が歴史的記録やアート作品などの一次資料であるとともに，実体物の展示を補完するために作られた二次資料であることも多い。すなわち映像は，記録／保存の媒体であるとともに，表現／伝達の手段でもある。空間における物と情報の表現において，映像の重要度はますます高まると考えられる。媒体や手段としての映像の可能性を考えるにあたり，まずは映像を含むメディアの歴史を振り返ってみたい（**表6-1**）。

　人間のコミュニケーションの手段は音声や身振りが主体であった。文字が発明されて記号による情報伝達が可能になり，パピルス，羊皮紙，紙といった筆記媒体が誕生した。本は長らく写本によって複製されてきたが，活版印刷等の技術によって量産が可能になった。19世紀になると

風景を写す「写真」の原理が発明され，その連続的な撮影が「映像」の誕生につながった。20世紀以降は，テレビ放送，映像のトーキー／カラー化，コンピュータやインターネットの情報技術，映像の高解像度化／3次元化などの技術が進化していった。

このなかで，映像の誕生プロセスに着目したい。カメラオブスクラ（暗い部屋）に取り込んだ外部の風景をリトグラフ（石版印刷）の原理で定着させることで初期の「写真」が誕生した。ジョゼフ・ニセフォール・ニエプスが19世紀前半に基本技術を開発し，ルイ・ジャック・マンデ・ダゲールが実用性を高め，ウィリアム・ヘンリー・フォックス・タルボットが写真の複製を可能にした。19世紀後半になると，撮影手順が簡素化して写真が高感度化し，エドワード・マイブリッジやエティエンヌ＝ジュール・マレイによって連続写真の撮影が試行された。やがてトーマス・エジソンらによるキネトスコープやリュミエール兄弟による

表6-1　メディアの歴史

時代	思想・背景	技術・手法	関連施設等
古代 中世 近世	宗教改革	写本 活版印刷 グーテンベルク 1445	情報蓄積 ラムセス3世葬祭殿　BC12C アッシリアの図書館　BC7C アレクサンドリア図書館　BC3C ストラホフ修道院　12C
-18C	啓蒙主義 フランス革命	カメラオブスクラ リトグラフ 1798	公開 トリニティ・カレッジ図書館　1592 ボドリアン図書館　1602 大英博物館　1753
19C	産業革命 マルクス主義	写真技術 19C ニエプス 1824　ダゲール 1839 タルボット 1841 映像技術(1) 19C末 エジソン 1893　リュミエール 1895	大規模化 アメリカ議会図書館　1800 フランス国立図書館　1875 幻想図書館　1887
20C	ムネモシュネ・アトラス ヴァールブルク 1929 世界美術館 ル・コルビュジエ 1929 アウラ ベンヤミン 1931 空想美術館 マルロー 1947	オフセット印刷 1905 映像技術(2) 20C前 トーキー 1927　カラー 1935 テレビ放送技術 20C前 放送 1928　カラー放送 1954 情報技術(1) 20C後 PC　Hypertext　WWW	分化／多様化 シネマテーク・フランセーズ　1936 国立国会図書館　1961 イェール大学貴重書図書館　1963 国立近代美術館フィルムセンター　1970 フランス国立視聴覚研究所　1975 新フランス国立図書館　1994 Amazon.com　1995 国立映画アーカイブ　2018
21C	AGI	情報技術(2) 21C Google　クラウド　iPhone　SNS　AI 映像技術(3) 21C 高解像度化　小型化　動画配信　3DVR	連携／共有 せんだいメディアテーク　2001 Google Books　2004 Google Arts & Culture　2011 インターメディアテク　2013 MLA連携

出典：筆者作成

シネマトグラフといった装置が相次いで開発された。こうして映像の撮影／上映のための基本的な技術が完成したのである（飯沢，2004）。

　そもそも映像（image, picture）とはなにか。着眼点によっていくつかの説明があるだろう。光線の屈折または反射によって作られた像（原理・技術），映画やテレビの画面に映し出された画像（媒体・表現），心のなかにまとまった姿で描き出された像（認識・内容），運動を任意の瞬間に連関させることによって再現するシステム（ドゥルーズ，財津・齋藤訳，2008），写真的客観性を時間において完成させたもの（バザン，野崎・大原・谷本訳，2015）といった理解もある。映像を文化資源としてみたとき，その「動態」としての性格，すなわち時間的な推移，空間的な広がり，人間的な関係性を内包することに特徴がある。

（2）映像の発展

　連続的な写真としての「映像」はどのようにその役割を発展させてきたのか。リュミエール兄弟が開始したシネマトグラフによる上映会で披露されたのは，『工場の出口』（1895，数字は作品の発表年を示す）や『ラ・シオタ駅への列車の到着』（1896）のように，人物や列車など動く対象をとらえた記録映画が主体であった。なかには『水をかけられた散水夫』（1895）のような演出された作品もあった。

　本格的な物語映画の始まりとして知られるのは，ジョルジュ・メリエスの『月世界旅行』（1902）である。天文学者らがロケットで月に向かうストーリーで，斬新な視覚効果を用いたSF映画の原点ともいえる作品である。

　映画のさまざまな表現技術を開拓した監督として，アメリカのD・W・グリフィスがいる。モンタージュ，クロスカッティング，クローズアップ，移動撮影などの技法を生み出し，『國民の創生』（1915）や『イ

ントレランス』（1916）などの大作で知られる。ロシアのセルゲイ・エイゼンシュテインはモンタージュ理論を作品で実践した監督で，『戦艦ポチョムキン』（1925），『全線』（1929），『アレクサンドル・ネフスキー』（1938）などの作品で映画史に残る革新的なシーンを生み出した。

　チャールズ・チャップリンは，『キッド』（1921），『黄金狂時代』（1925），『モダン・タイムス』（1936）などペーソスや社会風刺のあるコメディ作品で広く知られる。みずからの身体を駆使した演技のみならず，監督・脚本・製作もこなす全能の映画作家で，サイレントからトーキーへの移行期を中心に活躍した。

　初期の映画の多くは短編の記録映画であったが，その後の物語映画の興隆とは別に，これらはドキュメンタリー映画として発展をとげる。ドキュメンタリー映画の父と呼ばれるロバート・フラハティは，『極北のナヌーク』（1922）の撮影にあたってイヌイットの家族と1年間生活を共にし，作劇とは異なる生き生きとした人間の姿を引き出した。ロシアのジガ・ヴェルトフは映画眼（キノキ）の重要性を提唱し，実験的な視覚表現に挑戦した代表作『カメラを持った男』（1929）は，その後の撮影や編集の手法に大きな影響を与えた。レニ・リーフェンシュタールはアドルフ・ヒトラーに才能を見込まれ，ナチス党大会の記録映画『意志の勝利』（1935）やベルリン五輪の記録映画『オリンピア』（1938）などを監督したが，戦後はナチスの協力者として批判を浴びた。映画作家で文化人類学者のジャン・ルーシュによる『ある夏の記録』（1961）は，パリの街行く人々への取材風景を記録した作品で，他の民族誌映画とともに映像人類学の展開に結びついた。

　このように，映像は作る側と描かれる対象の相互的な関係のなかから，さまざまな表現を生み出してきたのである。

（3）映像の理論

　映像を言語のように理解する考え方がある。映像を単語に，映像の連なりを文章に対置させるような解釈である。映画理論家のクリスチャン・メッツは，映画を言語活動としてとらえ，構造言語学の概念を導入して記号学的な理論化を試みた。映画の諸シーンを「自律的ショット」と前後と関係がある「連辞」に分類した「大連辞」(Grand Syntagmatique) の構造を提示した（メッツ，森岡訳，1982）。

　このような映像に対する言語的な分析手法を批判し，映像独自の「イメージ」としての理解につとめたのは哲学者のジル・ドゥルーズである。彼はアンリ・ベルクソンの『物質と記憶』(1986) を参照しつつ（ベルクソン，杉山訳，2019),「運動イメージ」および「時間イメージ」という概念を提起し，自著『シネマ 1』(1983) および『シネマ 2』(1985) において，これらを中核として理論を展開していった（ドゥルーズ，財津・齋藤訳，2008；ドゥルーズ，宇野・江澤・岡村他訳，2006）。映画とは運動を任意の瞬間に連関させることによって再現するシステムであるとした。動く切断面としての「運動イメージ」は，脳や身体と結びつくことで，知覚イメージ，行動イメージ，感情イメージへと変容し，それぞれ撮影におけるロングショット，フルショット，クローズアップに関係づけられる。リュミエール兄弟による『ラ・シオタ駅への列車の到着』のような，時間が運動に従属する感覚運動的な状況としての「運動イメージ」がある。かたや，つくり込まれた物語映画のような，運動が時間に従属する光学的音声的状況としての「時間イメージ」がある。ここで「運動イメージ」から「時間イメージ」への拡張が映画のなかで起きてきたのである。

　表象という着眼からの映像のとらえ方を紹介する。哲学者のロラン・バルトは『カイエ・デュ・シネマ』誌によるインタヴューで，暗喩（隠

喩：metaphor）と換喩（metonymy）という2つの道のうち映画は今のところ換喩の道を選んだと指摘している（バルト, 蓮實・杉本訳, 2005）。暗喩（隠喩）とは全体を全体で表象する修辞であり, 相似性という内的関係に基盤を置く。一方で換喩とは部分をもって全体を表象する修辞であり, 隣接性という外的関係に基盤を置く。

　映像展示という本章のテーマに戻ると, 映像の原点といえる「運動イメージ」の蓄積, そして, 異なる分野を横断して繋ぐ「暗喩（隠喩）」の力。この2つの視点は再評価すべき段階にあると考える。その背景には, 静止資料がメインの博物館において, 時空間の動態的な特性の導入, そして閲覧者や制作者に応じたコンテンツの横断的な結びつきが問われているからである。映像は博物館の価値体系を流動化させる手段になりうる。

2. 表現／伝達手段としての映像

（1）映像の表現

　写真の初期の開発者で, ネガ／ポジの原理を発明したウィリアム・ヘンリー・フォックス・タルボットは, みずから写真撮影を試行し世界最古の写真集『自然の鉛筆』を出版した（Talbot, 1844/2010）。そこには建築や静物の写真とともに植物標本の写真が含まれていた。写真は世界を記録する新しい手段として活用されていく。

　写真から進化した映像では動態の記録ができるようになり, 表現の可能性は大きく広がった。映像の時代を切り開いたリュミエール兄弟は, シネマトグラフの普及のために各国に技師を派遣し, 世界のさまざまな記録映像を収集していった。リヨンに留学していた稲畑勝太郎の手配により, 日本にもフランスから技師がやって来て, 上映だけでなく撮影も行った。このように映像技術は, 世界の多様性を認識する手段となった

のである。

　映像で制作された博物学的な資料としてよく知られているのは，動画による百科事典『エンサイクロペディア・シネマトグラフィカ』である（同ホームページ）。ドイツの国立科学映画研究所のゴットハルト・ウォルフらが 1952 年から制作を開始した。30 年近くにわたって世界各地に研究者らが赴き，民族学，生物学，科学技術等に関わる 3,000 強もの記録動画を制作し，壮大な映像アーカイヴが構築された。あらゆる知識を集大成しようとする試みは，映像という新たな資料体の形式を得て，世界のあり方を表現し伝達する手段として成長していくのである。

　世界の事実を描くドキュメンタリー映画は，本章 1 節（ 2 ）の「映像の発展」でふれたように，フラハティやヴェルトフらによって独自の表現を獲得し，描き出す対象との関係のなかで多様な展開をとげていく。前衛的な手法で都市を描いたワルター・ルットマンの『伯林－大都会交響楽』(1927)，戦時下における広報戦略のなかで作られたフランク・キャプラ監修の『我々はなぜ戦うのか』シリーズ（1942 - 45），アウシュビッツでのユダヤ人虐殺を告発したアラン・レネの『夜と霧』(1956)，犯罪者矯正施設の日常を克明に描写したフレデリック・ワイズマンの『チチカット・フォーリーズ』(1967)，海洋調査船のサンゴ礁調査を描いたジャック＝イヴ・クストーとルイ・マルの『沈黙の世界』(1956)，アル・ゴアによる地球温暖化の警告を描いたデイビス・グッゲンハイムの『不都合な真実』(2006) などがある。

　日本の作品としては，歌舞伎の演技を撮影した現存最古の日本映画『紅葉狩』(1899)，明治時代に行われた葬儀の葬列の様子を記録した『小林富次郎葬儀』(1910)，白瀬矗らによる南極探検隊に随行した田泉保直撮影による『日本南極探検』(1910 - 12)，戦争の悲惨な状況を描いて上映禁止となった亀井文夫の『戦ふ兵隊』(1939)，高度成長期に入る日本

の風景を描いた岩波映画製作所による『日本発見』シリーズ（1961-62）などがある（奥村, ホームページ）。以上はごく一部の作品の例示であるが, 記録映画には瞠目（どうもく）すべき内容と手法の多様性があり, 後述する映像博物学の視点からも貴重な資料価値をもつ。

（2）映像の制作

　創造的作業の多くは「アイディアをカタチにする」ことである。映像制作においてまず重要なのは, 何を作るか, 何を伝えたいか, その基本的なアイディアをもつことだろう。映画監督のジャン・リュック・ゴダールは, 映画を作るために何をすればよいかという質問に対して, まず「あなたの1日を撮ってみなさい」と答えていたという（ゴダール, 2002）。小さなカメラで自分の1日を撮ってみて, 映画づくりが容易ではないことがわかると, 自分のアイディアを深めるチャンスになる。

　映像制作は一般に, 企画→構成→撮影→編集→公開という流れで進む。それは, 企画内容を練り, シナリオを書き, 絵コンテを描き, 場所を選定し, 人間や物を配し, 演出を行い, カメラでおさめ, それを編集して完成させる作業である。本項では, 映像制作における4つ側面として,「撮影」,「編集」,「演出」,「空間」を取り出し, それぞれに関わる方法的なキーワードを列挙していく。アイディアを「カタチにする」ためのヒントとなる技法の数々である。

　「撮影」は切れ目のない一続きの映像である「ショット」をつくることである。カメラのポジション（位置）, アングル（角度）, フレーミング（枠組）, 被写界深度, 露出設定などに留意する。技法として, ズームイン／ズームアウト, パン／ティルト, クローズアップ／ロングショット, 定位置撮影, 移動撮影, 追尾撮影, 旋回撮影, イマジナリー・ライン, パン・フォーカス, 背景ぼかしなどがある。

　「編集」は動画や音の素材を組み合わせて作品全体を構成するポストプロダクション（撮影後）のプロセスである。オーダー（順序），デュレーション（持続），タイムライン（時間軸），効果設定に留意する。技法はモンタージュの作業全般に関わり，映像のレイアウト／並べ替え／カットのほかに，トランジション，フェードイン／フェードアウト，スローモーション，スーパーインポーズ，視覚効果，音響効果などがある。

　「演出」は映像制作における企画・構成・撮影・編集に関わる総合的な方向づけと具現化の作業である。その中核においては，コンセプト（構想），プロット（因果），シナリオ（脚本），叙述方針，演技表現が重要になる。着眼としては，物語構造，起承転結，感情表現，身体表現，異化効果，即興演出，リアリティ，コミュニケーション，スタニスラフスキー・システム（「役を生きる芸術」の演技理論）などがある。

　「空間」は映像が展開される場所の選択または設計製作である。トポス（場所），スペース（空間），パースペクティブ（遠近），陰影表現が重要になる。その着眼は映像制作における時空間設計に広く関わり，空間の奥行と広がり，移動の方向と速度，描写範囲のスケール，光と影の導入，色彩の調整，物質の状態（気体／液体／固体），装置や道具の選定などがある。

（3）映像の展示

　映像を展示する際には，上映形式や画面サイズによってシステムや機器が変わってくる。上映形式としては，プロジェクタや映写機のような「投影型」と，モニターやスマートフォンのような「直視型」に分けることができる。リュミエール兄弟のシネマトグラフ（1895）は，もともと多数者の同時観覧を前提とした投影型であった。1900 年のパリ万国博覧会で，彼らは機械展示館に 21×16m の大型スクリーンを設け，

75mm フィルムの上映を行った。また，この万国博覧会では直径30m の全周映画「シネオラマ」がラウル・グリモアン・サンソンらによって実現している。その後のブリュッセル（1958，数字は開催年を示す）やモントリオール（1967）の万国博覧会ではマルチスクリーンの映像展示が行われた。19世紀末に発明された映像の技術は，画面の大型化，空間化，多数化へと拡張進化をとげていった。

　日本において映像表現が展示に大々的に導入されるのは，大阪で開催された日本万国博覧会（1970）においてである。全天全周映像アストロラマ，巨大マルチスクリーン映像，IMAX 映像などの最新の映像技術が導入された。その後の博覧会においては，マジックビジョン（つくば），全天球映像『地球の部屋』（愛・地球博），長大スクリーン映像『清明上河図』（上海）などの新機軸のシステムが開発された（青木，1997）。

　このような空間を囲続する大型映像への進化とは別に，多様な映像コンテンツを個人用の画面で選択視聴できる仕組みも充実していく。大阪万博の跡地に建てられた国立民族学博物館（1977）の「ビデオテーク」はオンデマンドのビデオライブラリと呼べる施設で，豊富な映像コレクションに支えられている。パーソナライズ志向は顕著になり，現代ではスマートフォン等の端末による映像の個人視聴は広く普及している。ユーザの位置情報や QR コードによって場所に応じたコンテンツの配信，ユーザの意向に応じたインタラクティブな情報提示が可能になっている。かつて映像上映は独立した暗い部屋で行われていたが，画面の明るさが飛躍的に向上し，映像は展示空間のなかで自由に活用できるようになってきた。

　博物館等の展示においては，映像の活用の仕方について企画演出上のさまざまな設定がある。①映像の上映形式（投影型／直視型），②映像のスケール（個人用／大型／空間型），③映像の操作性（オンデマンド

再生／規定上映），④映像の使用目的（主題提示／補完説明），⑤映像の
資料価値（一次資料／二次資料），⑥視覚的な特性（単独投影／マルチ
投影／重層投影）といった視点である。

3. 映像博物学に向けて

　3節では映像の博物学的な収集・保存・活用について学ぶ。放送教材
では，フィルムアーキビストで国立映画アーカイブ主任研究員の岡田秀
則氏へのインタビューが放映される。

（1）映像の収集と保存

　映像は記録創造の手段として広く普及しているが，その収集と保存に
ついてはどのような留意点があるか。映像素材がフィルムという実体物
からデジタルデータへと広がるなかで，多様な展開が認められる。
　フィルムの保存の形態としては，①フィルム本体の保管，②フィルム
内容の複製やデジタルデータへの変換，③破損紛失したフィルムの修復
や復元がある。保存の対象としては，映像の content（内容），carrier
（素材＝フィルム），context（文脈）があり，なかでも素材＝フィルム
本体の保存が最も重要である。デジタル化すれば映像の内容を保存でき
るが，デジタル化されたデータやその再生システムの仕様が永続する保
証はなく，継続的にマイグレーション（移行更新）を行う負担が生じる。
また今後は，始めからデジタルで作られた「ボーン・デジタル」の作品
の保存も増えていく。フィルムの物理的保存とデジタル保存を並行して
進めていく必要がある（国立映画アーカイブ，ホームページ１）。
　映像が保存されず逸失する原因は，フィルムの可燃性という物質的な
特性と，保存すべき文化財としての認識の欠如に起因することが多い。
1950 年代までの映画で使われた硝酸セルロース系のナイトレート・フ

ィルムは自然発火することもあり，上映後に廃棄されることも少なくなかった。その後不燃性の高い酢酸セルロース系のアセテート・フィルムに切り替わるが，こちらは加水分解による劣化（ヴィネガー・シンドローム）をもたらしている。国立映画アーカイブ（旧国立近代美術館フィルムセンター）には2024（令和6）年3月末の段階で87,250本の映画が所蔵されている（国立映画アーカイブ，ホームページ1）。2016（平成28）年3月末の段階で69,162本の日本映画が所蔵されていたが，これは1910年から2015年までに公開された日本劇映画の総数の18.1%である。戦前の無声映画は特に少なく，多くの日本映画が保存の機会を逸したのである。国立機関による映像の組織的な保存が始まったのは国立近代美術館が開館した1952年以降であり，それまでに廃棄や震災／戦争での逸失などによって多くの映像資源が失われた（国立映画アーカイブ，ホームページ2）。

　世界における映像保存の状況を概観したい。1980年の第21回ユネスコ総会で採択された「動的映像の保護及び保存に関する勧告」では，「動的映像が諸民族の文化的独自性の一表現であり，かつ，その教育的，文化的，芸術的，学術的及び歴史価値のゆえに，一国の文化的遺産の不可分の一部を構成することを考慮」すると謳われている（文部科学省日本ユネスコ国内委員会，ホームページ）。

　映像を文化遺産として保存し，破壊や散逸から守る運動は各国のフィルム・アーカイヴによって進められてきた。1928年に「国際フィルム・アーカイヴ連盟（FIAF）」が米仏英独の参加で設立され，その後日本からは国立映画アーカイブと福岡市総合図書館が参加している。フィルム・アーカイヴでは，前述した映像の「内容・素材・文脈」を収集し，保存・複製・変換・修復し，上映・放送・出版・研究等に結びつける。このような作業が地域や種別を横断して行われていくことが望ましい。

（2）イメージのデザイン

　本章では，映像の起源，表現，理論，内容，制作，展示，保存について概観してきた。ここで，あらためて博物館における「映像」の現在の位置を確認し，今後期待される役割を考えてみたい。

　大英博物館のホームページに「大英博物館を自宅から探索する方法」というページがある（How to explore the British Museum from home ホームページ）。そこでは，リモートで同館を楽しむ方法が紹介されている。Google Street View のツアー，バーチャル・ギャラリー，ポッドキャスト・ツアー，クラスルーム・リソース，オーディオ・ツアー，YouTube チャンネル，Google Arts and Culture，800 万点のコレクション検索，ブログ，オンライン・イベント，といったラインナップである。

　かたやルーヴル美術館には「自宅でルーヴル」というページがある（LOUVRE AT HOME ホームページ）。ここでは，バーチャル・ツアー，VR によるモナリザ鑑賞，イベント，子ども向けのメニューなどがある。ホームページからは全収蔵品 50 万点のデータベースにアクセスでき，またビジター・トレイル（経路ガイド）や詳細なインタラクティブ・マ

出典：東京大学総合研究博物館の YouTube チャンネル

図 6-1　博物館活動の映像公開

ップなど現地での鑑賞に役立つツールも用意されている。

　大英博物館やルーヴル美術館の例に限らず，博物館でのコンテンツの
オンライン提供が進みつつある。そこでは，写真，映像，バーチャル・
リアリティ等のビジュアル素材が駆使されており，博物館の運営は多種
多様な「イメージ」の存在に支えられている。このようなオンライン化
の推進はコロナ禍による閉館や来場者の減少にも起因しているが，博物
館のコンテンツをデジタル化し可能な限り開示するという運営方針にも
つながっている。コレクションの検索，バーチャル・ツアーへの参加，
３Dイメージの鑑賞，解説動画の視聴などがオンラインで可能である。
東京大学総合研究博物館における標本の映像記録（**巻頭口絵④**）と
YouTube チャンネル（**図6-1**）の画像を掲載する。

　博物館における映像の活用においては，展示室で映像を上映するとい
う使い方に留まらず，広くイメージとしての収集と展示の可能性を模索
することが肝要である。博物館は「物」の収集保存の施設から，「イメ
ージ」の記憶創出の場所に役割を拡張しているとみることができる。

（3）映像博物学の挑戦

　リュミエール兄弟がシネマトグラフで映画上映を行ってから 100 年後
の 1995 年に，NHK で『映像の世紀』というドキュメンタリー番組のシ
リーズが始まった。20 世紀以降はまさに「映像の世紀」であったといえ
る。19 世紀の写真の発明を契機として，視覚情報の生産と流通は劇的に
増大した。社会の出来事や物語がおびただしい映像断片に記録され，世
界は映像を介して理解される対象になっている。映像の領域は，写真，
映画，テレビ，ビデオ，イラストレーション，アニメーション，コンピ
ュータ・グラフィックスなどを含むイメージ全般へと拡張している。

　ここで博物館に目を向けてみよう。かつて博物館は，もっぱら標本資

料の収集蓄積によって世界を記録してきた。物の世界である博物館において, 映像はそもそも疎遠な対象であるか, 演出術の一つであった。しかし今日, 人間活動や自然現象の記録／保存の媒体として, また, 世界から宇宙へと拡大する事象を表現／伝達する手段として, 映像は極めて重要な存在になっている。すなわち, 映像自体から世界を探求する博物学と, 映像技術を活用した博物学がともに考えられるべきであろう。これらまとめて「映像博物学」と称するなら, それは,「人間が世界を知る」という知の根底を映像によって再編する試みになる。ここで映像博物学の展開を「媒体としての映像」と「手段としての映像」という2つの視点から考えてみる。

第一に「記録／保存の媒体としての映像」の視点である。これは博物館への映像の導入による学芸業務の新たな作業方法論の構築に関わる。「収集保存」においては, 博物館の収蔵資料や標本の映像化および映像資料のアーカイヴ化。「調査研究」においては, 映像を記録手段とする調査研究および映像資料についての調査研究。「展示公開」においては, 一次資料および二次資料の映像化。「教育普及」においては, 教育的な映像コンテンツの活用と公開。このような活動の進展が見込まれる。

第二に「表現／伝達の手段としての映像」の視点である。これは「映像のミュージアム」を創成すること, 世界の事物事象を映像とリンクさせる展示実践につながる。「映像のミュージアム」は, 映像としてのみ存在するミュージアムである。収集された映像を再資源化して体験型の映像アーカイヴとして集約する試みとなる。「映像のネットワーク」は, 映像の蓄積の試みをネットワーク的に拡張するものである。「映像のアーバニズム」は, 博物館施設の枠を出て映像を現実社会のさまざまな「場所」に結びつけ, 映像コンテンツへの遍在的なアクセスが可能になる状況である。

　「映像のメモリー」は，「映像のミュージアム」の発展形であり，時間の厚みと空間の広がりをもった映像アーカイヴである。

　映像展示においては，記録保存の媒体としての映像，表現伝達の手段としての映像，そしてさまざまな形式のイメージとしての映像を縦横に活用することが期待される。

参考文献

●青木豊（1997）『博物館映像展示論——視聴覚メディアをめぐる』（雄山閣，1997 年）
●飯沢耕太郎監修『世界写真史』（美術出版社，2004 年，pp.8-28）
●『エンサイクロペディア・シネマトグラフィカ』ホームページ
http://ecfilm.net（2024 年 8 月 25 日最終確認）
●奥村賢「ドキュメンタリー映画」『日本大百科全書（ニッポニカ）』（2022 年）ホームページ
https://japanknowledge.com/contents/nipponica/sample_koumoku.html?entryid=2537（2024 年 8 月 25 日最終確認）
●国立映画アーカイブ，ホームページ 1「収集・保存・復元」
https://www.nfaj.go.jp/research/preservation/#section1-2（2024 年 8 月 25 日最終確認）
●国立映画アーカイブ，ホームページ 2「映画保存とフィルムアーカイブの活動の現状に関する Q&A」
https://www.nfaj.go.jp/research/filmbunka/（2024 年 8 月 25 日最終確認）
●ゴダール，ジャン＝リュック「真の映画とは何か　ジャン＝リュック・ゴダール来日記者会見」（週刊読書人，2002 年 11 月 12 日号）
●ドゥルーズ，ジル著，宇野邦一・江澤健一郎・岡村民夫・石原陽一郎・大原理志訳『シネマ 2　時間イメージ』（法政大学出版局，2006 年）
●ドゥルーズ，ジル著，財津理・齋藤範訳『シネマ 1　運動イメージ』（法政大学出版局，2008 年）
●バルト，ロラン著，蓮實重彦・杉本紀子訳『映像の修辞学』（ちくま学芸文庫，

2005 年，pp.94-95）

●バザン，アンドレ著，野崎歓・大原宣久・谷本道昭訳『映画とは何か』（上）（岩波文庫，2015 年，p.18）

●ベルクソン，アンリ著，杉山直樹訳『物質と記憶』（講談社，2019 年）

●文部科学省日本ユネスコ国内委員会，ホームページ「動的映像の保護および保存に関する勧告」
https://www.mext.go.jp/unesco/009/1387391.htm（2024 年 8 月 25 日最終確認）

●メッツ，クリスチャン著，森岡祥倫訳「映画――言語体系か，言語活動か？」岩本憲児・波多野哲郎編『映画理論集成』（フィルムアート社，1982 年，pp.212-262）

●How to explore the British Museum from home
https://www.britishmuseum.org/blog/how-explore-british-museum-home（2024 年 8 月 25 日最終確認）

●LOUVRE AT HOME
https://www.louvre.fr/en/online-tours#louvre-at-home（2024 年 8 月 25 日最終確認）

●Talbot, William Henry Fox "The Pencil of Nature," Project Gutenberg. (1844/2010)
https://gutenberg.org/ebooks/33447（2024 年 8 月 25 日最終確認）

7 | 展示の解説と伝え方

鶴見　英成

《**本章の目標＆ポイント**》　展示場入口の主旨説明から，個別の展示物に添えるキャプション，図録やインターネットでの情報公開まで，展示には言葉による解説が必要であるが，解説内容が展示の趣旨などに応じて選択的に作成されることを学ぶ。また抽象的な概念の展示，視覚以外の感覚を働かせて体験する展示など，さまざまな伝え方について紹介する。
《**キーワード**》　解説内容，キャプション，抽象的な概念，触覚，参加型展示

1. はじめに

　博物館の展示は，単なる物の陳列ではなく，来館者や社会に向けたメッセージの発信手段である。展示はコミュニケーションの機会であり，発信する側と受信する側の間で双方向的な対話が成立することが重要である。本章では，博物館や学芸員がどのように情報を発信しようとしているのか，特に個別の展示物の解説に焦点を当てて解説する。

　展示全体の大きなメッセージだけでなく，個別の展示物の解説についても詳しく見ていく。「物に語らせる展示」という言葉がよく使われるが，実際には言葉をまったく使わない展示はきわめて困難である。展示物の名前や解説文，データベースの項目に相当するような記述など，博物館資料には多くの二次的な情報が付随している。本章ではまず言葉による解説について，ついで言葉によらない伝え方の可能性について述べる。

2. 言葉による解説

（1）展示物の名称と解説

　展示物の名前や解説は，取捨選択された情報を組み合わせて構成されている。これらの情報は，研究の進展や展示の文脈によって変更されることがある。たとえば，ペルーのクントゥル・ワシ遺跡で発掘された，冠や耳飾りなどの黄金製品の解説には，以下のような変遷がある。

- 1992年および2000年の展示：「南北アメリカ大陸で最古のもの」
- 2013年の展示：「精錬された黄金製品としてはアメリカ大陸最古のもの」
- 2015年の展示：「装身具として完成された黄金製品としては，南北アメリカを通じて最古級」

　これらの変更は，新たな発見や研究の進展，展示の文脈によって行われた。学芸員はつねに最新の研究成果を反映させ，より正確で適切な情報を来館者に提供するよう努めている。

（2）展示の趣旨と解説の関係

　同一の資料であっても，展示の趣旨によって解説の内容や表現が変りうる。たとえば，東京大学総合研究博物館インターメディアテクでは，上記の黄金製品は考古学的な情報だけでなく，美術的な観点からの鑑賞を促すよう展示された。さまざまな装身具は3人の被葬者が身につけていたものだが，3つに分けて被葬者や墓の情報を示す配置ではなく，審美的な視点から，所持者と関係なく上下2段に分けた展示が構想された。ただし無秩序ではなく，冠は中央に，耳飾りは両側に置くなど装身具の機能を反映させ，考古学的な知見との連続性が配慮されている（図7-1）。このように，展示の趣旨によって同じ資料でも異なる側面が強

写真：西野，2013年より

図7-1 展示の趣旨によって解説内容・表現が変わる例

調され，それに応じて解説の内容や表現も変化する。学芸員は展示の目的や対象となる来館者層を考慮しながら，最適な解説方法を選択する必要がある。

3. 伝えるための工夫

（1）形のない対象の展示

　科学的な理論やアイデアなど，本来，形のない対象を展示する場合がある。これらの抽象的な概念を来館者にわかりやすく伝えるために，さまざま工夫が必要である。東京大学駒場博物館で開催された「CONNECTING ARTIFACTS つながるかたち展03」では，「個と群」と呼ばれる数学的な概念を視覚化し，さらにハンズオン展示を通じて体験できるようにしている（図7-2）。

　個と群とは，単純な形が一定のルールでつながり，全体を構成する仕組みのことを指す。この抽象的な概念を，以下のような方法で具体化している。

　１．日用品の転用や３Ｄプリントによる簡易な試作品群を展示し，手を動かしながらいかに概念に形を与えていったかという過程を示す。

　２．個と群の概念を表現する立体や映像を美術作品として展示する。

　３．個と群の概念が，虫の巣作りなど自然観察において有用な視点であると示すなど，学術的な発展性を解説する。

　このような展示方法により，来館者は抽象的な数学的概念を視覚的，触覚的に理解することができる。また，芸術と科学の接点を示すことで，学際的な思考を促進される。加えて，数学的概念から新たな技術が生まれるという工学的な発展性も指摘できるが，次に述べるように，技術の展示にも課題がある。

写真：著者撮影（以下同）

図７−２　「正四面体の測地線に基づく組紐の分岐と合流」
（西本清里，小野富貴，道明葵一郎，舘知宏）

（2）技術の可視化

　無形文化財という語のとおり，技術には目に見えない要素が多い。金沢市と金沢美術工芸大学が協力して進めている「平成の百工比照」プロジェクトは，さまざまな工芸の材料や道具の実物や，映像による制作過程の記録などに加え，完成品に至る工程を示す標本が制作され，形あるものとして技術に触れることのできる例である（**図 7 - 3**）。

　各段階の標本を並べて展示することで，見学者は製作の過程を具体的に知ることができ，以下のようにさまざまな学びを得る機会となる。

　１．技術の過程を視覚化し，またハンズオン展示として体験することで，抽象的な「技術」を具体的に理解できる。

　２．各段階の作品を比較することで，技術の細かな変化や発展を観察できる。

　３．完成品だけでなく，制作過程も含めて展示することで，技術の奥深さや職人の技能を理解できる。

　技術を可視化する展示は，工芸を志す人はもちろん，鑑賞・購入する立場の人々の理解も深まるため，伝統工芸の継承や理解促進にも貢献している。

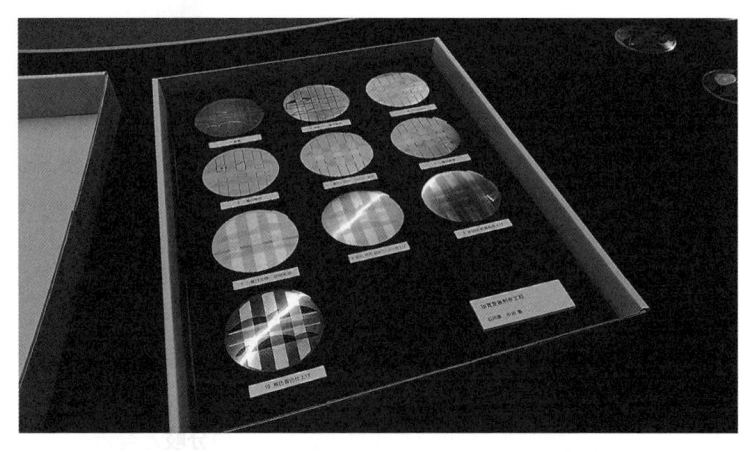

図 7 - 3　金工の技法「加賀象嵌」の制作工程を 10 段階に分けた標本

4. 多様化する伝え方

（1）ユニバーサル・ミュージアムの取り組み

　近年，障害を持つ人や高齢者など多様な来館者のニーズに応える博物館のあり方が積極的に論じられている。国立民族学博物館の全盲の研究者，広瀬浩二郎氏が推進する「ユニバーサル・ミュージアム」の企画は，触覚を中心とした体験型・参加型の展示が，3通りのコーナーで展開されている。

　1．試触コーナー：触ることへの導入として，展示物を傷めぬよう，優しく丁寧に触る体験を提供する（図7-4）。

　2．見ないで触る：視覚を制限し，触覚や聴覚など，それ以外の感覚で作品を鑑賞することで，その潜在的な可能性に気づかせる。

　3．見て触る：視覚と触覚を組み合わせた体験を提供する。

　このような構成により，来館者は段階的に触覚を用いた展示体験に慣れていくことができる。すなわち，視覚障害者だけが対象ではなく，すべての来館者にとって新しい博物館体験を目指している。

図7-4　笛吹きボトルを優しく動かして音を鳴らす体験（2023年,岡山会場）

（2）触覚を活用した展示の例

①暗闇での彫刻体験

　「見ないで触る」の展示の一つに，暗闇で複数の人物彫刻を触る体験がある。この展示では，以下のような体験ができる。

- 素材の違いを触覚で感じ取る：ブロンズ，FRP 樹脂，石膏などの異なる素材を用いた彫刻を触ることで，材質の違いによる印象の変化を体験できる。
- 触る角度による感覚の違いを体験する：正面から触る場合と後ろから触る場合で，同じ彫刻でも異なる印象を受けることを学べる。

　この展示方法により，来館者は視覚に頼らず，触覚のみで芸術作品を鑑賞することになる。これは，視覚障害者にとっては芸術作品の積極的な鑑賞手段となるだけでなく，来館者の大多数を占める健常者にとっても新しい芸術体験となる。

②全身を使った体験

　「見ないで触る」コーナーでは，全身を使って展示物を体験する展示も行われている。たとえば，約 1,300 本のナイロン製の布片が天井からぶら下がっている空間を，来館者が全身でかき分けて進んでいく展示がある（**図7-5**）。これにより，以下のような体験ができる。

- 全身の触覚を意識する：手だけでなく，腕，足，お腹，背中など，全身の触覚を使って空間を感じ取る。
- 視覚以外の感覚を研ぎ澄ます：白い布に囲まれて視界が遮られることで，聴覚（布との摩擦音）や，空間における自己の感覚などが鋭敏になる。

　また，古墳の形を体感するための展示もある（**図7-6**）。来館者は前方後円墳の形に作られた凹型の空間に入り，全身で古墳の形を感じ取る。この体験には以下のような面白さがある。

- 大規模な建造物の形を直感的に理解する：現実において，視覚だけではとらえきれない大きな古墳の形を，体全体で感じ取れる。
- 考古学的な思考を体験する：実際の遺跡調査でも，地形を歩いて確認するなど，全身を使った観察が行われることがある。この展示は，そうした考古学者の体験を模擬的に再現している。

これらの全身を使った展示は，来館者に新しい体験を提供するだけでなく，展示物や研究対象への理解を深める効果的な方法と言えよう。

写真：国立民族学博物館（以下同）

図7-5 「境界　division -m- 2021」（島田清徳）

図7-6 「とろける身体－古墳をひっくり返す」（岡本高幸）

（3）参加型展示の試み
①土偶に服を着せるワークショップ

　考古学的資料を活用しつつ，現代アートの要素を取り入れた参加型展示の一例として，土偶に服を着せるワークショップがある。このワークショップでは，実際の遺跡から出土した土偶を 3D スキャンし，忠実に再現したレプリカを使用する。参加者は自由に想像力を働かせて，これらのレプリカに服を着せる。このワークショップの意義は以下の点にある。

　●文化財への親しみの醸成：直接触れて創造的な活動を行うことで，考古学的資料への親近感を高める。また，土偶が服を着ていたという直接的な証拠はないが，各自の自由な想像にまかせることで，古代史への積極な関心が生まれる。

　●参加型学習の促進：受動的な鑑賞だけでなく，能動的に展示制作に関わることで，深い学びを得る機会を提供する。

図7-7　「ポップアップ絵本」（桑田知明）

②インタラクティブな絵本展示

来館者がみずから操作して「飛び出させる」絵本の展示も，参加型展示の一例である。たとえば（**図7-7**）の絵本は，目で鑑賞するだけだと，どのページにも違いが見られなかったりする。ページを開くことによって立体物が立ち上がるしかけを持つ，通常の飛び出す絵本と異なり，来館者自身が手を動かして，ページごとに異なる立体物を立ち上げる，という展示物なのである。紙の手触りの違いや，切れ込みの形など，指先で触れて観察できる要素がさまざまに盛り込まれており，また能動的に手を動かさないことには，絵本に隠された立体物を出現させることができない。さまざまな感覚を能動的に働かせる，という鑑賞体験を具現化した，まさにユニバーサル・ミュージアム展のコンセプトを来館者に訴えかける展示と言える。この展示では，従来の飛び出す絵本と異なり，来館者自身が手を動かして立体を作り出す。この展示の特徴と意義は以下のとおりである。

- 能動的な参加：来館者自身が手を動かして立体を作り出すことで，より深い理解と記憶を促す。
- 触覚と視覚の融合：手で触れて形を作り，同時に視覚的にも確認できることで，多感覚的な学習体験を提供する。
- 創造性の刺激：どのように操作すれば目的の形が現れるか，試行錯誤しながら考える過程で創造性が刺激される。

5. まとめ

本章では，博物館における展示の解説と伝え方について，さまざまな事例とともに詳しく見てきた。ここから得られる重要な示唆は以下のとおりである。

- 解説の進化：研究の進展や展示の文脈に応じて，同じ展示物でも解

説が変化していく。学芸員はつねに最新の知見を反映させ，適切な情報提供を心がける必要がある。

● 多感覚アプローチ：視覚だけでなく，触覚や聴覚など，多様な感覚を活用した展示方法が開発されている。これにより，より深い理解と豊かな体験を来館者に提供できる。

● ユニバーサル・ミュージアム：ユニバーサルデザインの概念にもとづき，多様な来館者のニーズに応える展示方法が模索されている。これは，障害の有無に関わらず，すべての人にとってより良い博物館体験につながる。

● 参加型展示の重要性：来館者が能動的に参加できる展示方法は，より深い理解と記憶に残る体験を提供する。これは，博物館の教育的役割を強化する重要な要素となる。

　これらの新しい展示方法や解説の工夫は，博物館をより魅力的で教育効果の高い場所にする可能性を秘めている。一方で，展示物の保護や安全性の確保，情報の正確性の担保など，新たな課題も生じている。学芸員には，これらの新しい手法や技術を適切に活用しつつ，博物館の本質的な役割である「収集・保存・研究・展示・教育」のバランスを保つことが求められる。

参考文献

● 国立民族学博物館・広瀬浩二郎編『ユニバーサル・ミュージアム─さわる！"触"の大博覧会』（小さ子社，2021 年）
● 西野嘉章『インターメディアテク：東京大学学術コレクション』（平凡社，2013 年）
● つながるかたち展ウェブサイト
https://sites.google.com/view/connecting-artifacts/03?authuser=0
　　　　　　　　　　　　　　　　　　　　　　　（2024 年 12 月 29 日確認）

8 | 展示とコミュニケーション

| 寺田　鮎美

《**本章の目標＆ポイント**》　展示とコミュニケーションについて理解を深める
ために，ICOM 博物館定義の変遷やコミュニケーションとしての展示の概念
について学ぶ。続いて，事例より，展示作りにおけるコミュニケーションの
工夫について考察する。さらに，展示作りにおけるよりよいコミュニケーシ
ョンを生み出すための土台となる来館者研究と展示評価について，その歴史，
基本的な理論と手法，近年の動向を把握し，アフターコロナの時代における
展示とコミュニケーションの今後の課題を考える。

《**キーワード**》　ICOM 博物館定義，コミュニケーションとしての展示，対話，
博物館体験，主体性，能動性，双方向性，展示解説，インターメディエイト，
デジタル技術，来館者研究，展示評価，テキストマイニング，ビッグデータ，
オンライン，実空間

1. 博物館におけるコミュニケーションとは

（1）ICOM 博物館定義にみるコミュニケーション

　近年，博物館における多様なコミュニケーションのあり方が，国際的
に注目を集めている。博物館学全体，そして博物館展示論の観点から，
その動向をみていくことにしよう。

　その一つの表れは，ICOM（国際博物館会議）の博物館定義に確認で
きる。ICOM による博物館定義は，1946 年の ICOM 創設時の ICOM 憲
章内に始まり，1951 年以降は ICOM 規約内に示されている（2007 年ま
での ICOM 博物館定義の変遷は，Folga-Januszewska, 2020, pp.43-47
を参照）。この定義の改正は，博物館を取り巻く社会状況を考慮して，

およそ10年前後の間隔で行われてきた。ICOM博物館定義で，「communicate」の語が登場するのは，1974年の改正時である。この時の博物館定義は，2022年の改正以前まで用いられた定義（2007年改正）の原型と言えるもので，計4回の改正を経ながらも，これ以降，博物館の基本機能として，収集，保存，調査研究，展示とともに「communicate」が変わることなく挙げられていた。この頃から，展示をはじめとする他の基本機能とコミュニケーションが，同レベルに重要な博物館の機能と見なされるようになった点に注目できるだろう。なお，「communicate」の日本語訳には，「普及」の語が当てられていた（ICOM日本委員会仮訳，「イコム規約」［2017年6月改訂版］より）。

　1974年のICOM博物館定義の改正は，ICOMがヨーロッパ的な理論と実践に偏っているという批判的視座に立ち，ポストコロニアルの世界における非ヨーロッパ圏の議論を踏まえて行われた点を特徴とする（Soares, 2020, p.18）。そして，これを原型として，2022年改正以前まで用いられた2007年改正の定義は，博物館を構成するものの本質を定義しており，次の新定義でも，収集，保存，調査研究，展示，そして，コレクション等を通じたコミュニケーションの機能は，博物館に特有の本質的な機能として維持すべきであると考えられていた（Sandahl, 2019, pp.2-3）。

　2022年に改正が行われた現行のICOM博物館定義は，展示を含む，これまでの博物館の基本機能を維持しつつ，今日の社会における博物館の役割の変化に沿った内容となっている（寺田，2023, pp.22-23, 定義全文は第3章を参照）。とくに，博物館を形容する言葉として用いられた「誰もが利用でき」，「包摂的」という語，博物館が育む対象として挙げられた「多様性」と「持続可能性」という語が新たに定義に組み込まれたことが，それを顕著に示している。

　コミュニケーションについては，博物館が「倫理的かつ専門性をもって」それを図ること，そして，「コミュニティの参加」とともに博物館が活動することと並べて表現されている。「communicate」の日本語訳に，「コミュニケーションを図る」の語が用いられ，日本語でも改めてコミュニケーションという言葉そのものに光が当たった点にも注目できる。

　このように，今日，博物館は，これまで以上に社会や人々，そして社会的課題と関わる存在として，展示をはじめとする基本機能を果たすことが求められている。そのなかで，博物館におけるコミュニケーションは，多様な人々の参加を促す双方向性をもった活動として重視されていると言える。

（2）コミュニケーションとしての展示

　第1章で確認したように，展示には必ずメッセージ性が伴い，それは，本質的には，展示を作る側から見る側への一方的なものであることを免れない。この時に考えなければならないのが，展示作りにおけるコミュニケーションの工夫である。

　この時に，基本的な考えとして重視すべきは，展示とは，資料を媒介にした人々のコミュニケーションであり，展示のもつ対話性こそが，展示の本質的要素であるとみなす考え方である（端，2012，p.19）。このように，コミュニケーションとしての展示という概念は，展示のメッセージ性を受信者側が解釈するという行為に，主体性・能動性をもたせることになり，メッセージの発信者と受信者の間の双方向性を生み出すことにつながる。

　コミュニケーションとしての展示への理解を深めるために，展示を見る博物館来館者の思考体験に着目しよう。博物館には，単なる知識を得る体験だけでなく，展示物を見て何かに気づき，展示されている資料に

深く関心を向け，共鳴する体験があると考えられる（稲庭編著，2022, pp.25-26）。稲庭は，人々の博物館体験を，「観察・鑑賞して思考する」ことに焦点を当て，①視覚的思考，②身体的思考，③共在的思考，④超越的思考，⑤持続的思考の5つに分類している（稲庭編著，2022, p.181）。この分類は，東京・上野公園に集まる博物館など9つの文化施設が連携して，多様な状況にある子どもたちの社会包摂に取り組む，ラーニング・デザイン・プロジェクト「Museum Start あいうえの」の実践のなかで考えられたものである。これらの思考は，来館者が主体となって展示とコミュニケーションをとる様子，あるいは，コミュニケーションとしての展示が成立する要件を多角的にとらえており，人々の博物館体験の分類の好例であると言えよう。

このように，展示を見る側に主体性・能動性を誘発し，展示を作る側との双方向性を創出するためには，来館者がどのようなことを考え，行動しているか，また展示をどのようにとらえているかを理解することが重要となる。本章では，以下に，展示作りにおけるコミュニケーションの工夫に関する事例，来館者を理解し，よりよい展示作りにつなげるための来館者研究や展示評価の動向や手法をみていくことにする。

2. 展示作りにおけるコミュニケーションの工夫

（1）インターメディエイトがつなぐ展示

博物館の展示の解説には，文字や映像を用いたものなど，さまざまな伝え方がある。そのうち，人による口頭での展示解説の提供は，展示作りにおけるコミュニケーションの効果的な方法として，これまでに多くの博物館で行われてきた。人が展示の解説を口頭で行い，それを聞く側となる来館者の様子を見て解説内容を調整したり，質問を受けたりすることで，解説者と来館者の間には双方向の交流が生まれる。それにより，

必ずしも展示物に詳しくない人も含めた，幅広い来館者層と展示物とを結びつけ，来館者と展示とのコミュニケーションを創出することができるからである。

口頭での展示解説を行う人は，必ずしも学芸員である必要はないが，展示に関する学術的知識とコミュニケーション技術が求められるため，トレーニングを必要とする。近年では，トレーニングを積んだボランティアが展示解説を行う場合も増えている（大堀，2012，pp.126-127）。ただし，人による口頭での展示解説は，その効果の高さは認められるものの，ボランティアの力を借りたとしても，トレーニングを含め，多くの時間と人手を要する。そのため，この方法はより必要性がある来館者を対象として実施し，対象に適した工夫を行うのが望ましいだろう。

東京大学総合研究博物館が学術研究活動を担う，ＪＰタワー学術文化総合ミュージアム「インターメディアテク」における，学校対象教育実験プログラム「アカデミック・アドベンチャー」の事例を取り上げよう。インターメディアテクは，東京大学の教育研究に由来するさまざまな資料（学術標本）を，旧東京中央郵便局舎を博物館に改装した歴史的空間内に配し，常設展示として公開している。アカデミック・アドベンチャーでは，展示紹介の内容や子どもたちとの対話方法について，大学教員から指導を受けながらトレーニングを積んだボランティアの大学生が「インターメディエイト（媒介者）」として，小・中学生を対象に，展示の案内役を務めている（寺田他，2015）。その目的は，インターメディアテク内の展示物を，大学生と子どもたちが一緒に観察・鑑賞し，自由に対話を行うことで，子どもたちが展示に関心をもち，理解を深めるとともに，自分の考えや解釈を人と共有できるようになることにある。

子どもにとって，大人向けに書かれた，文字での展示解説は内容が難しすぎることが多い。また，大人に比べて，博物館で展示を見て自分で

楽しむ経験そのものが不足している子どもには，展示を主体的・能動的
に解釈する行為はハードルが高い。このように，アカデミック・アドベ
ンチャーでは，大人と比べて，展示とのコミュニケーションにサポート
を必要とする子どもたちに対して，インターメディエイトがそのヒント
を示している。また，アカデミック・アドベンチャーは，大学博物館の
教育活動として，定期的にボランティア活動のために博物館を訪れ，展
示と向き合いながら，子どもたちへの展示紹介の内容を自分自身で考え
ている大学生に対して，展示と主体的・能動的に関わる継続的な機会を
創出している点にも注目できる。

（2）デジタル技術がつなぐ展示

　近年，展示には，さまざまなデジタル技術が用いられるようになって
いる。その多くは，展示の一次資料の情報を補足する役割を担ってきた。
一方，近年では，テクノロジーの飛躍的な発展により，さまざまな技術
の特性を活かし，来館者の主体性・能動性を誘発する，コミュニケーシ
ョンとしての展示が成立している例が見られる。

　2018（平成30）年に独立行政法人国立文化財機構に設置された文化
財活用センターは，文化財の活用に関する新たな方法や機会を開発し，
東京国立博物館などで実証実験を行ってきた。2022（令和4）年に東京
国立博物館で開催された，同館創立150年記念特別企画のデジタル技術
×日本美術体験『未来の博物館』では，その成果が展示公開された（文
化財活用センターウェブサイトを参照）。ここでは，2つのコンテンツ
を具体的に紹介しよう。

　一つは，「8Kで文化財　ふれる・まわせる名茶碗」である。これは，
来館者が重要文化財を含む名茶碗を手に取り，それをさまざまな角度か
ら眺める擬似体験ができるもので，かたち・重さともに実物の文化財そ

っくりに制作した茶碗型ハンズオンコントローラーを動かし，8Kモニター上の高精細画像を360度好きな角度から鑑賞する展示である。もう一つは，「8Kで文化財　みほとけ調査」である。このコンテンツでは，来館者が文化財の仏像の細部を，学芸員のように，自分で光を照らして調査する擬似体験ができ，120インチの大画面モニターに映された仏像を懐中電灯型の操作デバイスで照らし，普段は見ることのできない細部を観察・鑑賞する展示となっている。

　ここで紹介した事例はどちらも，来館者の参加型展示となっている点を特徴とする。また，実物の展示物情報の補足としてではなく，高精細デジタル複製の茶碗や仏像を，来館者が主体的に観察・鑑賞することになる点も，従来のデジタル技術を用いた二次的展示コンテンツと差別化される。そして，物性のある茶碗型や懐中電灯型のデバイスを用いて，来館者が能動的に展示物に関わり，展示物の文化財としての情報を知り，展示のメッセージを読み解く経験を得ることで，展示とのコミュニケーションが生まれる仕掛けが工夫されている。デジタル技術が来館者と展示をつなぎ，コミュニケーションとしての展示がそこに成立している好例と言えるだろう。

3. 来館者研究と展示評価

（1）来館者研究とは

　展示を見る側に主体性・能動性を誘発し，コミュニケーションとしての展示を成立させるためには，博物館来館者の理解が欠かせない。来館者の特性を研究する領域に，来館者研究（Visitor studies）があり，その射程は，来館者の心理状況，行動パターン，展示解説や順路表示等の情報の伝達度，展示のメッセージの解釈，来館動機など，博物館来館者に関わること全般にわたる。来館者研究は，20世紀初頭より，アメリカを

中心とした欧米圏でとくに発展を遂げてきた（川島, 1999）。そのなかで，展示評価（Exhibition evaluation）に関する研究はもっとも早くから発展してきたと言える。

来館者研究の歴史の嚆矢としては，「博物館疲労（museum fatigue）」に関する研究が挙げられる（Gilman, 1916）。この研究は，展示ケースの設計や展示物の並べ方と，展示を見る人の身体的疲労を結びつけたものであった。展示を来館者の視点に立って評価し，改善策を示した，先駆的な研究と言える。

1960 年代末から 70 年代前半にかけては，博物館の教育的役割を省察することに関心が集まり，展示のもつ教育的効果の測定を目的とした展示評価が発展する。この頃に発達し，体系化された展示評価の理論や手法は，1980 年代後半から 90 年代後半に，日本において具体的に紹介された（マイルズ, 1986, 守井, 1997, 川島, 1999）。今日，これらは，博物館の展示評価に関する基本的な知識として扱われている。具体的な内容は，後述する。

また，1990 年代には，これらの展示評価の理論や手法を参考に，行政評価の一環としての博物館評価の視点を組み合わせ，江戸東京博物館および琵琶湖博物館で大規模な展示評価の検証が行われた。2000 年代初頭には，それに関するワークショップや講座が開催され，その記録が刊行されたことにより，来館者研究や展示評価の実践例が，広く知られることになった（琵琶湖博物館・滋賀県博物館ネットワーク協議会編, 2000, 村井・東京都江戸東京博物館「博物館における評価と改善スキルアップ講座」実行委員会編, 2002）。そのため，今日では，予算面や人員面等の課題はあるものの，展示評価の重要性は，博物館関係者が共通して認識するところとなっている。

（2）展示評価の理論と手法

　続いて，来館者研究としての展示評価の目的をはじめとした理論，およびさまざまな手法を具体的に見ていこう。

　来館者研究としての展示評価の目的とは，展示計画に資するデータを得ることにある（守井，1997，p.32）。展示が成功したか，あるいは展示のアイディアの段階でどのように問題点を予測し改善策を示すかについて，来館者の知識・関心・行動・態度などを把握し，それを展示の企画，実施，そして次の展示計画に活かすために展示評価は実施される。

　展示評価は，実施時期を基準として，①事前評価，②形成的評価，③総括的評価の3つに類型化することができる（**表8-1**）。また，**表8-2**で，主要な展示評価の手法を確認しておこう。評価手法は，①事前評価，②形成的評価，③総括的評価のための手法がとくに決まっているものではない。そのため，評価の目的に照らして，必要なデータが収集できる方法を選択する必要がある。

（3）テキストマイニングやビッグデータを活用した来館者研究

　20世紀後半までに体系化された来館者研究の理論と手法は，上述のように，今日まで，博物館の展示評価の基本となってきた。一方，その理論には教育学の影響が強く，基本的に来館者の学習行動のみを記述の

表8-1　展示評価の類型

実施時期	評価の種類	目　的	調査対象
企画段階	①事前評価 （front-end evaluation）	展示計画に内在する問題点を特定し，その解決や企画の見直しを行う	潜在的来館者
実施段階	②形成的評価 （formative evaluation）	展示の製作過程で，展示の効果を検証し，展示の改良を図る	来館者（実物大の模型や実際の展示を実験的に見てもらう）
終了段階	③総括的評価 （summative evaluation）	展示の完成後に，展示の成功度や有効性を総合的に判定する	来館者

出典：守井，1997，pp.33-34より作成

対象としてきたため，携帯電話をはじめ，さまざまなメディア・テクノロジーを日常的に使いこなすようになった，今日の来館者の博物館での行動やコミュニケーションの多様なあり方を把握できないという構造的な問題も指摘されている（光岡，2017，pp.13-20）。

表 8 - 2　展示評価の手法

大分類	手　法	主な利点	主な留意点
自然主義的な方法 （定性的評価）	①観察法（非組織的） a 非参与観察 b 参与観察	来館者の自然な行動を記録できる	データが調査者の主観や偏見の影響を受ける
	②非構造化面接	自由回答型質問から，記述的かつ豊かな状況が得られ，問題点や状況が自ずと明らかになる	・被調査者の回答と行動が一致するとは限らない ・面接や分析に時間を要する
	③集団面接法	集団内の相互作用を利用して，被調査者から意味のあるデータを引き出す事ができる	人為的な状況の中で行われるため，被調査者の自然な行動は把握できない
科学的な方法 （定量的評価）	④実験法	・実験集団と対象集団を比較し，プログラムのどちらが効果的かを測るのに有効 ・数値に置き換えられる特性について，原因と結果の因果関係を明らかにできる	実験集団と対象集団は，特定のプログラムを受けるかどうかのただ1点を除き，等しい扱いをしなければならない
	⑤サンプル調査 a 自由回答型質問 b 限定型質問	きわめて標準化された手続き（質問紙）によって体系的に行われ，限定型の質問は大量のサンプルを処理できる	自由回答型質問の解答も標準化される
	⑥組織的観察法	生起すると予測した行動についてカテゴリー別のチェックリストを作り，行動の頻度をカテゴリーごとに集計できる	チェックリストの作成のために，①非組織的観察法による予備調査を行うのが望ましい

出典：守井，1997，pp.33-34 より作成

　そのなかで，とくに調査方法や分析方法の技術的発展により，来館者の学習行動以外の多様な状況や考え方を把握しようとする，2000 年代以降の注目すべき展開がある。それを以下に見ることにしよう。

　一つは，テキストマイニングを利用した，テキスト情報の定量分析である。これまで，**表 8 - 2** の②と③に挙げた面接法は，自然主義的な方法として，定性的評価のために収集するデータであった。また，科学的な方法の⑤サンプル調査での自由回答型質問は，標準化による定量的評価を目的としていたが，大量のサンプルを処理できる限定型質問とは区別されてきた。このような条件や制約に対し，テキストマイニングは，「テキストデータをさまざまな計量的方法によって分析し，形式化されていない膨大なテキストデータという鉱脈のなかから言葉（キーワード）どうしにみられるパターンや規則性を見つけ，役に立ちそうな知識・情報を取り出そうとする手法・技術」（藤井他，2005，p.10）として，博物館における展示評価でも用いられるようになった。

　たとえば，テキストマイニングを利用した展示評価には，特別展示を見た来館者に尋ねた自由回答文から博物館の存在意義を分析した事例（伊藤，2006），館外で実施した展示の感想を尋ねた面接調査の回答テキストから展示のインパクトや印象の変化を分析した事例（寺田，2010）がある。今日的な社会課題を扱った，被災資料を扱った展示を見た来館者の博物館体験の分析にも，この手法が用いられている（奥本他，2016）。このように，テキストマイニングは，統計学的・数学的手法を用いて分析することが難しかったテキストデータについて，客観的で有効な分析を可能とし，さまざまな観点からの展示評価の可能性を広げている。

　もう一つは，ビッグデータを利用した，来館者の行動分析である。ビッグデータとは，文字どおりには，従来のデータベースソフトウェアが把握し，分析できる能力を超えるほど大きな量のデータを指すが，「事

業に役立つ知見を導出するための，『高解像』『高頻度生成』『多様』なデータ」と定義でき，その眼目は，「このようなデータの処理・分析から付加価値を生み出す」ことにあると言える（鈴木，2011，p.14）。**表8−2**の①と⑥の観察法は，非組織的・組織的に関わらず，人の目と手によるデータ収集を前提としていた。これに対し，ICT を活用したビッグデータの収集は，データ量を飛躍的に拡大し，効率化を図ることが可能となるだけでなく，データの付加価値の向上に寄与する。

　吉村有司は，来館者の平均滞在時間が 4 時間を超える大規模な博物館であるルーヴル美術館にて，2010 年より，携帯電話から発する Bluetooth 信号をキャッチするセンサーを用いて，来館者の行動に関するビッグデータの収集と分析を手がけている（吉村，2021，pp.331-335）。この研究では，来館者の移動軌跡や滞在時間に関するビッグデータから，人々の行動パターンを抽出し，各作品の周りの混雑密度と鑑賞時間の関係性を導き出した（吉村，2021，pp.338-339, Yoshimura et al. 2017）。これにより，これまでデータで示されることのなかった，空間的な展示評価を実現した。さらには，展示環境としての空間の快適性を保つ，来館者の居心地の良さの指標の提案にも結びついた点が注目される。日本でも，2014（平成 26）年に国立科学博物館にて，来館した子どもに渡したカード型センサーとビーコンを用いて，館内での行動データを記録，収集し，これを解析して，見学ルートの改善，子供と大人の展示解説を分けるなど，効果的な見学ルートの設計に役立てた事例がある（日経 BP 社，2014，pp.30-31）。

　このように，テクノロジーとビッグデータを用いた来館者研究は，展示評価の可能性，そして，環境を含めた，より良い展示作りの可能性を広げると考えられ，今後も発展が期待される。

4. 今後の展示とコミュニケーション

2020（令和2）年から数年間にわたり，世界中が経験した，新型コロナウイルス感染症の拡大は，われわれの社会生活に影響を及ぼし，コミュニケーションに対する考え方やツールの選択肢が大きく変わったと言える。その顕著な例には，オンラインで会話ができる Web 会議ツールがもはや日常的に使用されるようになったことなどが挙げられる。

博物館では，コロナ禍以降，博物館コレクションのデジタル画像の公開やオンライン展示の取り組みが加速度的に進んできた。そのなかで，来館者が博物館に足を運んで見る展示の意義，すなわち，博物館での実体験も見直されている。そのため，博物館展示論では，①どのように実空間とオンラインをつなげるか，あるいは②実空間とオンラインをどのように使い分けるかという2つの今日的な課題に取り組んでいく必要がある。これは，今後の展示とコミュニケーションを考えるうえでも，重要なテーマとなるだろう。

本章第2節で紹介した，アカデミック・アドベンチャーは，コロナ禍により，対面でのプログラム開催ができない状況下で，2020（令和2）年度より，インターメディエイトが子どもたちと展示をつなぐという目的をそのままに，展示の写真と Web 会議ツールを用いて行うオンライン版のプログラムを開発・実施した（寺田他，2021）。オンライン版のアカデミック・アドベンチャーは，インターメディエイトがリモートで参加する子どもたちに展示物の写真を見せ，コミュニケーションを取りながら，展示案内を行う取り組みとなった。これは一例に過ぎないが，今日的課題の一つめとして挙げた，実空間とオンラインをいかにつなげるかという問題関心に対するさまざまな試みには，アフターコロナの新デジタル時代における，コミュニケーションとしての展示の可能性を広

げていくことが期待されるだろう。

　ほかに，本章では，展示を見る側に主体性・能動性を誘発し，コミュニケーションとしての展示を成立させるために，来館者のことを知ることが重要であるという観点から，来館者研究と展示評価を取り上げた。そのなかで，第3節にて紹介したビッグデータを用いた来館者研究では，実空間の展示の維持運営に資するデータも導き出されている。吉村有司は，ルーヴル美術館で収集した来館者の行動に関する観測データから，博物館の空間のつながり方が，人々のルート選択や館内の混雑度に影響を与えていることを明らかにした（吉村，2021，pp.335-338，Yoshimura et al. 2019）。来館者のビッグデータが，博物館における人々の行動予測に活用できるという点は，今後の感染症や混雑度対策の面で，実空間の展示を来館者が安心・安全な環境で享受できることを保障する体制作りにつながる。アフターコロナの時代の博物館では，このような点も考え合わせて，今日的課題の二つめとして挙げた，オンラインと差別化した実空間での博物館体験の意義を活かす，コミュニケーションとしての展示の可能性を検討していくことも重要である。そのためには，触覚（ハンズオン）をはじめ，来館者の多様な身体感覚に訴えかける展示の工夫のアイディアが求められる。第2節で紹介した「8Kで文化財　ふれる・まわせる名茶碗」のように，そのための工夫の1つとしてのデジタル技術の活用には，今後のさらなる発展が期待されると言えよう。

参考文献

●伊藤大介「テキストマイニング手法を用いて分析した美術館来館者の生活における美術館の存在意義——静岡県立美術館来館者アンケートを事例として」『文化経済学』5巻3号（文化経済学会，2007年3月，pp.101-110）

●稲庭彩和子編著『こどもと大人のためのミュージアム思考』（左右社，2022年）

●大堀哲「第6章　博物館の展示解説活動」大堀哲・水嶋英治編著『博物館学Ⅱ

博物館展示論＊博物館教育論』（学文社，2012 年，pp.125-139）
●奥本素子・阿児雄之・加藤幸治「被災資料における来場者の語りの分析から見る博物館体験——テキストマイニングを用いた傾向の抽出」『博物館学雑誌』42（1）（全日本博物館学会，2016 年 12 月，pp.19-35）
●川島敦子「来館者研究の歴史的諸相」『展示学』27 号（日本展示学会，1999 年 5 月，pp.16-22）
●鈴木良介『ビッグデータビジネスの時代』（翔泳社，2011 年）
●寺田鮎美「第 1 章 博物館学とは」鶴見英成編著『博物館概論』（放送大学教育振興会，2023 年，pp.11-27）
●寺田鮎美・上野恵理子・松原始「リモートで行うボランティア活動と展示案内プログラム」『東京大学総合研究博物館ニュース ウロボロス』26（1）（東京大学総合研究博物館，2021 年 8 月，pp.12-14）
●寺田鮎美・上野恵理子「学校対象教育実験プログラム「アカデミック・アドベンチャー」『東京大学総合研究博物館ニュース ウロボロス』（53）1（東京大学総合研究博物館，2015 年 1 月，pp.3-14）
●寺田鮎美「収蔵品の流動化による次世代型博物館モデルの検証——東京大学総合研究博物館『モバイルミュージアム』プロジェクト評価中間報告」『文化経済学』7 巻1 号（文化経済学会，2010 年 3 月，pp.63-73）
●日経 BP 社『日経コンピュータ』2014 年 7 月 24 日号（日経 BP 社，2014 年 7 月）
●端信行「第 1 章 博物館展示の意義」大堀哲・水嶋英治編著『博物館学Ⅱ 博物館展示論＊博物館教育論』（学文社，2012 年，pp.8-24）
●琵琶湖博物館・滋賀県博物館ネットワーク協議会編『ワークショップ＆シンポジウム 博物館を評価する視点』（琵琶湖博物館研究調査報告 17 号）（滋賀県立琵琶湖博物館，2000 年 3 月）
●藤井美和・小杉考司・李政元編著『福祉・心理・看護のテキストマイニング入門』（中央法規出版，2005 年）
●文化財活用センターウェブサイト「未来の博物館」
https://cpcp.nich.go.jp/modules/r_free_page/index.php?id=81（2024 年 9 月 10 日最終確認）
●マイルズ，R. S. 編著，中山邦紀訳『展示デザインの原理』（丹青社，1986 年）
●光岡寿郎『変貌するミュージアムコミュニケーション——来館者と展示空間をめぐ

るメディア論的想像力』（せりか書房，2017 年）

●村井良子・東京都江戸東京博物館「博物館における評価と改善スキルアップ講座」実行委員会編『入門ミュージアムの評価と改善——行政評価や来館者調査を戦略的に活かす』（アム・プロモーション，2002 年）

●守井典子「博物館における評価に関する基礎研究」『日本ミュージアム・マネージメント学会研究紀要』創刊号（日本ミュージアム・マネージメント学会，1997 年 3 月，pp.31-40）

●吉村有司「来館者研究を感染症対策に活かす——来館者行動のビッグデータ収集と活用可能性」小川義和・五月女賢司編著『発信する博物館　持続可能な社会に向けて』（ジダイ社，2021 年，pp.326-343）

●Folga-Januszewska, Dorota. "History of the Museum Concept and Contemporary Challenges: Introduction into the Debate on the New ICOM Museum Definition." *Muzealnictwo*. 61 (2020): 37-59.

●Gilman, Benjamin Ives "Museum Fatigue." *The Scientific Monthly*. Vol. 2, No. 1 (January 1916): 62-74

●ICOM 日本委員会ウェブサイト「イコム規約（2017 年 6 月改訂）」https://icomjapan.org/wp/wp-content/uploads/2020/02/ICOM_Statutes_JP.pdf（2024 年 9 月 10 日最終確認）

●Sandahl, Jette. "The Museum Definition as the Backbone of ICOM." *Museum International*. 71:1-2 (2019): 1-9.

●Soares, Bruno Brulon. "Defining the museum: challenges and compromises of the 21st century." *ICOFOM Study Series*. 48-2 (2020): 16-32.

●Yoshimura, Y., Krebs, A., Ratti, C. "Noninvasive Bluetooth Monitoring of Visitors' Length of Stay at the Louvre." *IEEE Pervasive Computing*. 16 (2) (2017): 24–34

●Yoshimura, Y., Sinatra, R., Krebs, A., Ratti, C. "Analysis of visitors' mobility patterns through random walk in the Louvre Museum." *Journal of Ambient Intelligence and Humanized Computing*, (2019): https://doi.org/10.1007/s12652-019-01428-6

9 | 大学博物館の展示

江田　真毅

《本章の目標＆ポイント》　大学博物館が大学内において，また社会において果たしている役割について，とくに展示公開に着目して学ぶ。各大学博物館の展示は設立経緯によって展示資料やテーマに多様性がある。また展示の裏側には意図やコンセプトがあることを実例にもとづいて考える。
《キーワード》　総合博物館，研究展示，実験展示，「社会に開かれた大学」の窓口

1. はじめに

　大学博物館は，文字どおり大学が設置している博物館である。世界最初の大学博物館は，1543 年に設立されたイタリアのピサ大学植物園とされる。日本では 1877（明治 10）年の東京大学の開学に伴い，江戸幕府が設置した小石川植物園を東京大学理学部附属植物園としたのがその最古の例とされる。その後，早稲田大学坪内博士記念演劇博物館や國學院大學国史研究室付属考古学陳列室などの博物館施設が設立されたものの，第二次世界大戦後の大学設置基準となる文部省令においても，大学博物館設置に関する条項は設けられなかった。

　1995（平成 7）年に文部科学省学術審議会学術情報資料分科会がまとめた「ユニバーシティ・ミュージアムの設置について—学術標本の収集・保存・活用体制の在り方について」と題した中間報告は，現在の大学博物館とその展示に新たな方向性をもたらしたものと評価されている。この報告において，大学博物館は「大学において収集・生成された有形の学術標本を整理し，保存し，公開・展示し，その情報を提供するとと

もに，これらの学術標本を対象に組織的に独自の研究・教育を行い，学術研究と高等教育に資することを目的とした施設である。加えて，『社会に開かれた大学』の窓口として展示や講演会等を通じ，人々の多様な学習ニーズにこたえることができる施設でもある」と定義されている。また本講の主眼である大学博物館における公開・展示機能については，「ミュージアムに収蔵する学術標本を用いた研究成果の展示を行い，論文等によらない新しい形式の公表の方法を研究すると同時に，学内の研究成果を公表する場とする」としている。

　この報告を受ける形で，1996年に東京大学総合研究博物館，1997年に京都大学総合博物館，1998年に東北大学総合学術博物館，1999年に北海道大学総合博物館，2000年に名古屋大学博物館と九州大学総合研究博物館，2001年に鹿児島大学総合研究博物館，2002年に大阪大学総合学術博物館が続々と発足した。これらの博物館はいずれも単一分野の標本ではなく，学内の学術標本を広く扱う総合博物館である，また大学博物館やその設置準備委員会，国立博物館等の連携を図るための組織として「大学博物館等協議会」が1998年に設立された。2023年10月現在，同協議会には44団体が加盟している。

　一般の博物館に比べて，学術研究機関である大学に設置された大学博物館は，学術や研究に比重が置かれていること，大学内の研究者を活用しやすく学内外の連携をおこないやすいこと，新たな学術領域の創出や展示・教育普及における研究活動などを実験的に行いやすいことなどの特徴が指摘されている。

　日本展示学会（2019）によれば，現在日本国内には国公立，私立を合わせ285館の大学博物館がある。その館種は歴史系がもっとも多く，次いで美術系，総合，植物，科学の順になっている。一口に「大学博物館」と言ってもさまざまな館種があることがうかがえる。また各館の設立経

緯によって扱われる資料・テーマは多様であり，博物館の規模や展開されている展示も大きく異なっている。本章では，全国のさまざまな大学博物館を取り上げ，その多様性を紹介する。また，筆者が所属する北海道大学総合博物館を例に，現在の展示の裏にある狙いや展示完成に至った過程について述べる。

2. 大学博物館の多様性

（1）國學院大學博物館

2013（平成25）年に発足した歴史系博物館。その起源は1928（昭和3）年創立の考古学陳列室と1963（昭和38）年創立の神道学資料室に遡る。平常展は，校史関連資料にもとづいて大学の歩みを辿り，大学における考古学研究の過程で収集された考古資料から日本列島の歴史を通観し，神道関連資料から神道と日本文化について紹介する構成となっている。大型の展示ケース内に配された全国各地・各時期の縄文土器は圧巻である（**巻頭口絵⑤**）。特別展・企画展を論文形式に拠らない研究発表の場と位置づけ，年に数回実施している。2023年度には春の特別列品「土御門家がみた宇宙—江戸時代の天文観測」，企画展「祓—儀礼と思想—」，企画展「論語 for Beginners —『論語』と格闘した江戸時代—」などが開催された。

（2）東京藝術大学大学美術館

組織改編により1998（平成10）年に設置された大学美術館。「制作と教育研究の現場である芸術大学という特質を合わせて，わが国に前例のない実験的な美術館として機能すること」を基本理念とする。展覧会の開催会期以外は閉館しており，いわゆる常設展示を持たない。学生・大学院生の作品を展示する「東京藝術大学卒業・修了作品展」や「東京藝

術大学大学院美術研究科　博士審査展」，退任教員の作品を展示する退
任記念展などが毎年開催されている。また2023年度には「「買上展」藝
大コレクション展2023」が開催された。

（3）龍谷ミュージアム（龍谷大学）

　龍谷大学創立370周年事業の一環として2011（平成23）年に開館。
大学博物館の枠を超えた「街に開かれた仏教総合博物館」をコンセプト
に，仏教の誕生から現代の仏教までを紹介。いわゆる常設展示は「シリ
ーズ展」と呼ばれ，2階展示室でアジアの仏教，3階展示室で日本の仏
教に関する展示を展開。仏教の誕生と広がりをたどる。3階展示室では，
龍谷大学の教員が中心となって復元した高さ3.5 m，長さ約15 mのベゼ
クリク石窟寺院（中国・新疆ウイグル自治区）の回廊壁画が原寸大で復
元展示されている（**図9-1**）。特別展や企画展は年に数回実施。2023年
度には，春季特別展「真宗と聖徳太子」，秋季特別展「みちのく　いと
しい仏たち」などを開催。

写真：筆者撮影（以下同）

図9-1　龍谷ミュージアムのベゼクリク石窟寺院・回廊壁画の復元展示

（4）山形大学附属博物館

　1978（昭和 53）年に「山形大学附属郷土博物館」から改称。同大教育学部（現・地域教育文化学部）の前身である山形県師範学校の「郷土室」（1929 年設置）を起源とする。常設展示は「山形大学のあゆみ」，山形の地質・地形を紹介する「地学コーナー」，庄内浜の海洋生物や高山植物を紹介する「生物コーナー」，県内から出土した土器や石器を紹介する「考古コーナー」，江戸時代のくらしと最上川舟運に関する資料を展示する「歴史コーナー」，山形大学ゆかりの美術を紹介する「美術コーナー」からなる。また特定のテーマに沿った「特別展」を毎年秋に開催しており，2023 年度には「後醍醐天皇と足利尊氏〜ライバルたちのレクイエム〜」展が開催された。

（5）信州大学自然科学館

　2012（平成 24）年に設置された自然史博物館。常設展示では，信州大学の前身である旧制松本高校で使われた元素標本などの科学史資料や，同大の学生が研究したシンシュウゾウなどの化石，ライチョウなど多数の剥製や骨格標本が展示されている。明治時代末〜昭和時代初期に主に北アルプスで採取された多数のライチョウの剥製は，季節に伴うライチョウの換羽状況を明示する貴重な標本群である（図 9-2）。また展示さ

図 9-2　信州大学自然科学館のライチョウの展示

れているアルマジロのハンドバッグや，カモノハシの剥製など触ること
のできる標本も多数ある。

（6）北海道大学北方生物圏フィールド科学センター植物園

　1877（明治 10）年に設置された北海道最古の博物館である開拓使札
幌仮博物場に端を発する博物館部門と，1886 年に日本初の近代的植物
園として開園した札幌農学校植物園を起源とする植物園部門が 2001（平
成 13）年に統合して成立した大学博物館。広さ 13.3 ヘクタールの園内
では高山植物など北海道の自生植物を中心に約 4,000 種の植物を生育し
ている。園内の一部を明治時代以前の植生を残す自然林として保存する
一方，高山植物園やカナディアン・ロックガーデン，北方民族植物園な
どを造成。また温室には熱帯雨林室や多肉植物室などを設け，生態や分
類別に世界各地の植物を生育している。明治時代の歴史的建造物として
重要文化財に指定されている博物館では，世界で唯一のエゾオオカミの
剥製や南極観測で活躍した樺太犬タロの剥製，鳥類標本や北海道の考古
学資料などを展示。また北方民族資料室では北海道の先住民であるアイ
ヌやウィルタなどの生活文化資料を展示している。2023 年度には企画展
「牧野富太郎と北海道の植物」が開催された。

図 9 - 3　広島大学総合博物館の整備する「発見の小径」

（7）広島大学総合博物館

　2006（平成 18）年に発足した総合博物館。キャンパスをまるごと博物館とみなしたエコミュージアム活動を推進。本館のほか，2023 年 3 月現在 6 つのサテライト館（埋蔵文化財調査部門，中央図書館，文学部，理学部，生物生産学部，両生類研究センター）を設置。各部局が保有する標本資料や，研究成果を展示している。また本館とサテライト館を結ぶ自然散策道は「発見の小径」として整備され，絶滅危惧種を含む多様な生物や四季の自然の移り変わりが観察できる（**図 9 - 3**）。本館の常設展示は「環境と人間の共生」をメインテーマとする。広島大学を紹介する「広島大学―過去・現在・未来」，日野化石コレクションなどを展示する「宇宙・地球」，瀬戸内海の干潟ジオラマや厳島神社の復元模型のある「里海へのいざない」，西条盆地の絶滅危惧植物などを配置した「里山へのいざない」の 4 つから構成される。2023 年度には企画展「県央に自然史博物館がやってくる⁉ シーズン 2 」が開催された。

（8）東京大学総合研究博物館

　1996（平成 8 ）年に誕生した国内初の教育研究型の大学博物館。前身は 1967（昭和 42）年発足の東京大学総合研究資料館。本郷構内にある本館のほか，小石川植物園に併設された小石川分館（2024 年現在休館中），東京駅前にあるインターメディアテク（日本郵便との産学連携事業）でも展示を展開。専門分野の研究者と展示デザインを専門とする教員が協働で展示活動を担っている。学術とデザインのコラボレーションを意図した実験展示と，次世代型博物館の企画構想と実践的研究の遂行をめざしたミュージアム研究を推進。展示物にいっさい解説を付けない展示や，倉庫から発見された埃のついた破損したままの状態の展示物の展示などの例もある。インターメディアテクを学術標本の主たる公開スペー

ス（フロントヤード）と位置づけ，本館の常設展は収蔵スペースであり
ながら展示の機能を持たせる新たなミュージアムのかたちである「展示
収蔵」と，年代測定などの先端研究と最新装置による研究活動を公開す
る「研究現場展示」の試行の場と位置づけている。2023年度の企画展
として，インターメディアテクで特別公開『カトレヤ変奏—蘭花百姿コ
ロンビアヴァージョン』，インターメディアテク開館十周年記念特別展
示『極楽鳥』などが開催された。

3. 大学博物館の展示を作る
—北海道大学総合博物館の展示リニューアルの場合

　北海道大学総合博物館は1999（平成11）年に発足した総合博物館で
ある。札幌キャンパスにある本館のほか，函館キャンパスに分館の水産
科学館，むかわ町穂別博物館に「古生物学研究分室」があり，また札幌
キャンパスの札幌農学校第2農場の展示も担当している。本館の建物
は，1929（昭和4）年に建造された大規模な鉄筋コンクリート造建築で，
2014（平成26）年11月から2016年2月末に耐震改修工事が行われた。
この工事に伴い展示公開は2015年4月1日から中止し，1年4ヶ月にお
よぶ休館を経て，2016年7月26日に再開館した。展示再開にあたって
は，常設展示の構成を改め，動線を見直すなど，比較的大規模なリニュ
ーアルを行った。ここではこの展示リニューアルの実際を紹介する。

（1）リニューアル前の展示とその問題点

　耐震改修工事に伴う展示公開休止以前，本館の常設展示コンセプトは
1階が「北大の歴史」と「研究成果」，2階が「研究手法」，3階が「研
究材料：学術標本資料」であった。このうち2001年に展示オープンし
た「北大の歴史」と「研究成果」の展示シナリオは，学内の教員により

構成された全学的な展示委員会で作成された。「研究成果」では，生命，環境，北方圏，科学技術の各テーマについて学部横断的かつ学際的な内容のシナリオが作られた。大学の記念事業であり十分な予算が確保されたこともあり，展示業者にも参画いただき，洗練された展示が作製された。また 2005 年にオープンした「研究手法」でも，宇宙，海洋，サスティナブルキャンパス，考古の各スペースについて全学的な展示委員会によって展示構成とシナリオが作製された。その後，2005 年〜 07 年にかけて「学術標本資料」エリアに動物骨格，昆虫・植物，地球惑星（岩石，鉱物，鉱床，化石），ロウ製皮膚病模型の展示室が整備された。しかし，諸般の事情から開館前の展示計画が実現できなかったこともあり，この展示コンセプトは来館者や当館の外部評価委員など外からの目に分かりやすいものとは言えなかった。また「研究成果」や「研究手法」として示した当時最新であった知見には，10 年以上の間に時代遅れになっているものもありながら，展示の更新はあまりなされてこなかった。

　改修工事に伴い，収蔵標本や展示什器等の移設先の確保が不可欠となり，すべての展示室を一度完全に解体する必要が生じた。上記のような問題を抱えた展示に戻すのがよいのか，それとも展示をリニューアルするのがよいのか，私たちはかなり議論を繰り返した。そして，最終的に長期間の展示公開休止後にまったく変わっていない展示を来館者のかたがたに見せるのは避けたいとの想いが勝って，2015 年 2 月に展示リニューアルの実施を館内で決定した。今回の展示リニューアルは 1 年半ほどの準備期間と，某展示製作会社に「2 桁間違えているのではないか？」と言われるほどの低予算で行われたものである。

（2）新たな展示コンセプトと展示展開

　常設展示リニューアルのコンセプトとして①北大の魅力を全部みせる，

②より愛される博物館になる，の2つを設定した。これは，1995（平成7）年の「ユニバーシティ・ミュージアムの設置について」の中間報告で大学博物館の展示が「『社会に開かれた大学』の窓口」として定義されていることに合致したものである。また，リニューアル後の常設展示では構成を大きく「北大の歴史」，「北大のいま」，「学術標本の世界」の3つに再編し，メインターゲットは高校生とその保護者とした。先の中間報告に則れば，「北大の歴史」と「北大のいま」が「学内の研究成果を公表する場」としての機能を，「学術標本の世界」が「ミュージアムに収蔵する学術標本を用いた研究成果の展示」としての機能を担うものと言える。

　今回の展示リニューアルで新設したのは「北大のいま」である。札幌農学校以来の北大の来歴を示した「北大の歴史」にはほとんど手を付けていない。また医学，考古学，古生物学，生物学，科学技術，岩石・鉱物の標本を展示した「収蔵標本の世界」は基本的に従来の展示物を再配置するに留めた。代わりに，正面玄関周辺のスペースをカフェ，ラウンジ，セミナー室，ミュージアムショップを備えた大学の研究者と社会の窓口「知の交差点」として整備し，さらにハンズオン標本を配した「感じる展示室」と大学の研究室を窓から覗ける「ミュージアム・ラボ」を新設した。これらの設置は2つの展示リニューアルコンセプトにもとづくものである。以下，2つのコンセプトに即して，新設した展示とその意図を紹介する。

1）北大の魅力を全部みせる

　本学の現在の教育・研究を広く社会，特に次代の大学を担うことになる高校生とその保護者のかたがたに広報・紹介する常設展示エリアとして「北大のいま」を新設した。「北大のいま」は当館の常設展示面積の約3分の1を占め，「挑戦する北大」，「北大の学び舎」，「北大の探究心」

の3つから構成されている。

　「挑戦する北大」では，本学が時々刻々と変化する社会的要請に応えるために，また，新たなニーズを創生するために常に挑戦を続けていることの表現をめざしている。大学本部からの推薦を受けて，リニューアルオープン時は食・運動・健康・医療の連携によるイノベーション創出をめざす「フード＆メディカルイノベーション推進本部」と，北極域の持続可能な活用と保全をめざす「北極域研究センター」の挑戦について紹介した。「挑戦する北大」の展示は本学の最先端を示し続けるべきものと位置づけており，大学執行部にはいつでも展示の更新を歓迎する旨，伝え続けてきている。

　「北大の学び舎」は，人文・社会・自然科学を網羅する本学の全12学部（文学部，医学部，歯学部，薬学部，工学部，理学部，水産学部，農学部，獣医学部，経済学部，法学部，経済学部）を一つずつ紹介するエリアである。学術テーマではなく学部を単位とした展示としたのは，責任部局を明確にすることで展示が時代遅れになってしまうことを避ける意図からであった。この展示の作成にあたっては全学的な展示ワーキンググループを組織した。またその委員は理事から各部局長に担当者の選定を依頼した。各学部の展示スペースでは，それぞれの学部でどのような教育や研究が展開されているのか，そして卒業生がどのような進路を選択しているのかを紹介している（図9-4）。また，各学部に「一押し研究者」の選出を依頼し，その研究に関する展示を作成した。その題材は，ロケットから陽子線治療，地域通貨，隕石，薬，海藻，理屈，大豆，骨，アライグマ，インフルエンザ，そして子どもの貧困まで非常に広範なものとなった。本学で日々進展している最先端研究の一端を示すこれらの研究の展示は，大学博物館ならではと言えるだろう。学生生活を伝える掲示板や毎年の各学部卒業生の進路情報など，更新可能・更新

必須な展示要素を共通して設置することで，各部局が展示運営に継続的かつ積極的に関わることを企図した。この展示の維持・発展ワーキンググループは現在も機能している。2016年以降も法学部展示に新設した法廷教室における模擬裁判の映像展示（**図9-5**）や，文学部展示に設置した擦文文化期のカマドの剥ぎ取りモデルなど，さまざまな学部で展示の充実化が進んでいる。

「北大の探究心」では，学部に直接関わっていない研究所や研究センターなどの特色ある研究や教育，産官民との連携による成果などを紹介している。リニューアルオープン時には，北方生物圏フィールド科学センター，地震火山研究観測センター，アイヌ・先住民研究センター，スラブ・ユーラシア研究センター，産学・地域協働推進機構，総合博物館の6部局の展示を展開した。リアルタイムで行われている地震波の観測状況を示すディスプレイなど，まさに各部局ならではの展示が展開されている。「北大の探求心」は期限付きの展示エリアである。2024年夏季

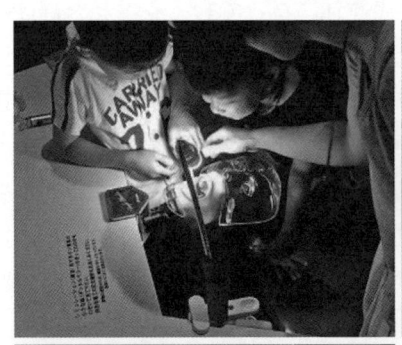

左上　図9-4　北海道大学総合博物館「北大のいま」歯学部展示室のシミュレーション用マネキン（中央）
右上　図9-5　北海道大学総合博物館「北大のいま」法学部展示室

図9-6　北海道大学総合博物館「ミュージアム・ラボ」考古学ラボ

企画展として「北大の探求心2024」を実施し，その中から選りすぐりの部局の展示を常設展示化する計画である。

　北大の現在の教育・研究の紹介のために新設したもう一つの展示が「ミュージアム・ラボ」である。化石，考古学，宇宙化学，教材開発の4つの研究室が配されている。それぞれの部屋には覗き窓が付いていて，内部で研究者や学生，ボランティアスタッフが作業している様子を見ることができる（**図9-6**）。「ミュージアム・ラボ」では，「北大のいま」で示しているような成果を生み出すのも，「収蔵標本の世界」で展示しているような標本を整理しているのも，日夜作業する人の活動がベースとなっていることの表現を意図している。

2）より愛される博物館へ

　「『社会に開かれた大学』の窓口」として当館をよりよく機能させるために，私たちはユニバーサルミュージアムをめざしている。ユニバーサルミュージアムとは，誰でも気軽に利用できる博物館のことである。そのため，物理的・心理的バリアを低減し，誰からも愛される博物館づくりをめざした。物理的バリア解消の目玉として，正面玄関横にガラス張りの昇降機を新設した（**図9-7**）。完成は2016（平成28）年11月になったものの，車イスや松葉杖，ベビーカーを利用しているかたもこの昇降機によって1階フロアと屋外との間にある約1mの段差を越えて建物の正面から容易に入館できる。歴史的建造物である当館建物に似せず，あえてガラス張りで近代的に仕上げたのは，建物全体の価値を守りながら物理的バリアを解消するとともに，裏口感が出ないよう，利用者の気持ちに配慮してのことである。ここには意匠建築の研究者らからの助言が生きている。また，車イスの介助者のかたの玄関と館正面玄関脇の憩いの場を兼ねたウッドデッキを新設した。このほか，物理的バリアの低減のためにユニバーサルトイレや授乳室，「感じる展示室」を整備した。

「感じる展示室」では，岩石や羽毛，骨，化石などさまざまなものに触れることができる。

　ユニバーサルミュージアムでは心理的バリアの軽減も重要である。そこで，何気なく近くを通りかかったかたや，一休みしたくなったかたにも来館いただける工夫の主軸としてカフェを誘致した。カフェは来館者の休憩スペースとして重要なことに加え，来館を誘起する機能を持ち，また来館者同士や大学の教職員，学生らが出会う場ともなると考えられた。カフェを誘致するための設備整備費捻出のため，当該スペースを「知の交差点」と名付け，北海道内の企業を中心に協賛金を募った。その結果，予想を大きく上回るご協賛をいただき，カフェの誘致のほか，当該スペースで来館者がゆったりと過ごせる環境づくりも可能となった。カフェでは企画展示とのコラボメニューも積極的に開発されている。2019年の夏季企画展「K39：考古学からみた北大キャンパスの5,000年」では，開発された北大式土器で飲むタピオカミルクティが大人気を博した。この「タピ土器」が企画展以上に全国のテレビなどで大きく取り上げられたのは，展示担当者として非常に複雑な気持ちであった（**図9-8**）。

　協賛活動の成就には，当館が「より愛される博物館」になるためのバリアの低減に努めてきたことも寄与していると考えている。その主要な要素の一つは入館料無料の継続である。大学執行部からは以前から「入

図9-7　北海道大学総合博物館正面脇に新設された段差解消機

図9-8　北大式土器で飲むタピオカミルクティ「タピ土器」

館料を徴収するように」との指導を受けてきた。しかし，入館料の徴収によって来館者数が大幅に減少することは国内外を問わずさまざまな博物館の例で実証されている。私たちは当館のような規模の博物館が有料化した場合のメリットとデメリットを経済的観点からのシミュレーション結果を踏まえて論じ，有料化による一時的な金銭的メリットは広報価値の減少というデメリットを補いえないとの結論に達している（山本他，2019）。

（3）展示リニューアル後の動向

　2016（平成 28）年 7 月 26 日のリニューアルオープン以降，来館者数は同年 9 月 8 日に 5 万人，同年 11 月 12 日に 10 万人，2017 年 6 月 21 日に 20 万人に達した。新型コロナウイルス蔓延に伴うさまざまな影響が出る前の 2017 年度から 2019 年度の来館者数は，約 21 万人，約 22 万人，約 24 万人と増加していた（2019 年度は 2 月 29 日から閉館）。来館者数のカウント方法や開館時間が異なるため単純比較はできないものの，コロナ禍の一段落した 2022 年度には約 19 万人，2023 年度には約 21 万人に回復し，2015 年以前をはるかに上回る人の入りを実感している。リニューアルオープン以降，テレビや新聞，ラジオなどのマスメディアでも何度か取り上げていただいた影響が大きいことは重々承知していながら，それも含め，当館に高い興味・関心を示してくださるかたが大勢いることもまた確かだと自負している。

　新型コロナウイルス蔓延以前に来館者を対象とした質問紙表調査の結果，全体の感想を「満足」，「どちらかというと満足」，「どちらかというと不満」，「不満」の 4 択で尋ねた質問では，「満足」が 185 名（55％），「どちらかというと満足」が 91 名（27％），「どちらかというと不満」が 8 名（2％），「不満」が 3 名（1％），無回答が 42 名（12％）という結果

であった。2015年以前には常設展に対する満足度調査を実施していなかったため比較資料はないものの，80％以上の来館者にポジティブな評価をいただいていることになる。自由記述欄でも，たとえば「前回来た時（5年前？）より展示も充実していて素晴らしい。他大学でここまでの博物館を運営しているところはないのではないだろうか。北海道のアイデンティティを感じさせる展示だった」（20代女性・会社員，札幌市内から家族と来館）や「初めて北海道大学に来ました。大学内に博物館があることも素晴らしいのですが，内容も本当に面白かったです。どれも自分が学びたいことで，どの展示を見ても興味がわきました。来年受験するので，ぜひ入学したいと思いました！」（10代女性・高校生，東京都から家族と来館），「夏も83歳の母と来ました。車いすは使いませんでしたが，バリアフリーで有難いです」（50代女性，大阪府から家族と来館）など，好意的な感想が多数綴られている。

　一方で，「展示がほとんど日本語だけです。少なくとも日英表記（今年中），日英中表記（来年中）を実現してください。観光名所にするため必要です」（30代男性・会社員，札幌市内から一人で来館），「大学の組織縦割りの紹介が多く，しかも前半にあるので，ただのプロパガンダという印象が強く残る。3Fの資料紹介こそ博物館のメインだと思うのですが。正直，残念です」（40代女性・会社員，釧路市から一人で来館）といった感想も寄せられている。多言語化はもちろん，とくに「北大のいま」の展示コンセプトをいかに浸透させ，展示を実物資料を用いて充実していくかが今後の当館の課題と言える。総合博物館でありながら，学術テーマではなく，あえて学部や研究所などの部局を単位とした組織縦割りの展示とすることで全学的な「『社会に開かれた大学』の窓口」として機能させようとする当館の展示は，実験展示の一つの形と言えるのではないだろうか。

参考文献

●江田真毅・山本順司「北海道大学総合博物館の耐震改修工事と展示リニューアル」（博物館研究 52: 30-33，2017 年）

●加藤有次・鷹野光行・西源二郎・山田英徳・米田耕司編『博物館展示法 』（雄山閣，2000 年）

●東京大学総合研究博物館編『UMUT オープンラボ 太陽系から人類へ UMUT Hall of Inspiration 東京大学総合研究博物館常設展示図録（改題版)』（東京大学出版会，2016 年）

●西野嘉章『大学博物館：理念と実践と将来と』（東京大学出版会，1996 年）

●日本展示学会編『展示論：博物館の展示をつくる』（雄山閣，2010 年）

●日本展示学会編『展示学事典』（丸善出版，2019 年）

●山本順司・江田真毅・山下俊介「博物館と入館料——経済性の観点から——」（博物館学雑誌 44: 3-30，2019 年）

◆**掲載関連施設等ホームページ**（2024 年 3 月 31 日最終確認）

● 「大学博物館等協議会」

http://univ-museum.jp/

● 國學院大學博物館

http://museum.kokugakuin.ac.jp/

● 東京藝術大学大学美術館

https://museum.geidai.ac.jp/

● 龍谷ミュージアム

https://museum.ryukoku.ac.jp/

● 山形大学附属博物館

http://museum.yamagata-u.ac.jp/

● 信州大学自然科学館

https://www.shinshu-u.ac.jp/institution/museum/

● 北海道大学北方生物圏フィールド科学センター植物園

https://www.hokudai.ac.jp/fsc/bg/

● 広島大学総合博物館

https://www.digital-museum.hiroshima-u.ac.jp/~humuseum/

● 東京大学総合研究博物館

http://www.um.u-tokyo.ac.jp

10 | 人類史の展示 1：民族文化と歴史

鶴見　英成

《**本章の目標＆ポイント**》　民族文化の多様性と，現在の社会状況にいたる歴史的来歴の展示について，世界と日本における事例を示しつつ，その手法とメッセージ性，さらにそこに介在する異文化へのまなざしについて学ぶ。
《**キーワード**》　文化人類学，民俗学，歴史学，歴史系博物館

1. はじめに

　本章では，人類史の展示，とくに民族文化と歴史に焦点を当てて，その特徴や課題について掘り下げていく。日本において博物館は文部科学省が所管しており，3年に一度行われる社会教育調査によると，2021年の時点で5,700館もの博物館が把握されている。これらの博物館の活動実態を把握するために，研究分野や施設のあり方などによって分類され，情報が整理されている。本章ではまず分類について概説し，そしてとくに人類史に関わる博物館の役割と課題について詳しく見ていく。

2. 博物館の館種

　博物館の分類方法は，主に文部科学省と日本博物館協会によるものがある。これらの分類方法を理解することは，博物館学のさまざまな議論を理解するうえで重要である。

（1）文部科学省による分類

　文部科学省は，博物館を主に研究分野と対応させて分類している。総合博物館，科学博物館，歴史博物館，美術博物館などが主な分類である。これに加えて，野外博物館のように施設の形態による分類も含まれている。また，生きた標本を扱う施設として，動物園，植物園，動植物園，水族館も博物館の一種として分類されている。

（2）日本博物館協会による分類

　日本博物館協会が実施している日本の博物館総合調査（日本博物館協会編，2022年）では，文部科学省の分類をさらに細分化した分類を用いている（**図10-1**）。特徴的なのは，歴史に関する博物館を郷土博物館と歴史博物館に分けていることである。また，科学系の博物館も自然史博物館と理工博物館に分けられている。両者の分類を比較すると，人文科学と自然科学（文系と理系）の大きな区分，総合博物館の位置づけ，美術館の扱いなどに共通点が見られる。しかし日本博物館協会の調査は，

図10-1　博物館の館種

学術的・教育的な活動の実態だけでなく，運営組織や経営の形態など多岐にわたって各館から回答を集めたもので，郷土博物館と歴史博物館という細分化には後述のとおり，設置者の違いなども反映されている。

3. 人類史の博物館

（1）人類史という言葉の意味

本章で「人類史」という言葉を使用した理由には，いくつかの意図がある。

①自然史との対比

理系の博物館で用いられる「自然史」との対照性を示すことで，人類の文化や社会に焦点を当てる博物館の特徴を強調している。

②時間軸の拡張

「歴史」という言葉が単に過去のことと誤解されがちな点への配慮から，現代の文化も扱う点を明確にしている。

③空間的広がりの包含

時間的尺度だけでなく，世界のさまざまな文化を扱うような空間的な広がりも含む点を強調している。

（2）郷土博物館と歴史博物館の特徴

日本博物館協会のアンケート調査によると，郷土博物館と歴史博物館には以下のような特徴がある。

①郷土博物館の特徴

郷土博物館は，名称に「郷土」が付くことが多く，市町村立の施設が多いのが特徴である。考古，歴史，民俗資料が中心だが，地元の自然史資料も扱うことが多い。これは，地域の特性を総合的に理解することを目的としているためである。

② 歴史博物館の特徴

　歴史博物館は名称がさまざまで，市立が多いものの，県立や公益法人立の施設も増加傾向にある。規模が大きい傾向があり，考古，歴史，民俗資料が中心だが，個人を扱う記念館や文学館も含まれる。より広い地理的範囲の歴史や文化を扱うことが多いのが特徴である。

（3）展示実績資料の割合

　図10−2に示した展示実績資料の割合に関する調査結果は，博物館の運営や資料活用の課題を浮き彫りにしている。全館種の平均が43.4%であるのに対し，郷土博物館は30%，歴史博物館は20%しかコレクションを展示活用していない。さらに，総合博物館は10%にとどまっている。

　この結果は，とくに法律上コレクションの収集や保管が税収で賄われていることを考慮すると，納税者への説明責任という観点から問題があ

全体平均 43.4%

館種	館　数	中央値%
総　合	114	10
郷　土	218	30
美　術	429	70
歴　史	931	20
自然史	87	40
理　工	68	45
動物園	28	82.5
水族館	28	80
植物園	23	60
動水植	7	90

出典：令和元年度「日本の博物館総合調査報告書」より作成

図10−2　展示実績資料の割合

ると指摘されている。博物館学の観点からも，より良い博物館を目指し，社会における博物館の建設的な役割を考えるうえで重要な課題と言えるだろう。今後は，収蔵資料の有効活用や，展示方法の工夫など，より多くの資料を公開できる取り組みが求められる。

4. 歴史系博物館とは

（1）歴史系博物館の役割

　郷土や歴史といった館種名から想起されるよりも広範な，人類史と呼ぶべき対象を扱う館も含めて、博物館学においては歴史系博物館と呼ぶことがある。その役割は以下のようになる。

①地域のアイデンティティ形成

　歴史系博物館は，地域の人びとにとって自分たちのルーツに関わる資料や情報を提供する場となる。郷土博物館はもちろん，県立や国立の博物館も，より広い範囲での「郷土」意識を醸成する役割を果たしている。

②資料の保管と研究

　博物館は重要な歴史資料の保管庫としての機能を持ち，それらの資料を基に研究を行う研究機関としての役割も果たしている。これにより，歴史や文化に関する新たな知見を生み出し，社会に還元している。

③社会との交流

　多くの歴史系博物館は，展示や教育プログラムを通じて社会と積極的に交流している。これにより，歴史や文化に関する理解を深め，社会教育の場としての機能を果たしている。

（2）歴史系博物館の事例

① BIZEN 中南米美術館

　図 10 - 3 の岡山県備前市日生町の BIZEN 中南米美術館は，日本で唯

写真：BIZEN 中南米美術館提供

図 10‐3　BIZEN 中南米美術館

一中南米の古代美術を専門とする常設展示を行っている。地元出身の創設者によって設立され，現在はラテンアメリカ諸国の大使館と連携して国際的な文化交流を進めるとともに，地域社会の活性化に寄与している。この事例は，地域に根ざしながらも国際的な視野を持つ博物館の可能性を示している。

②国立歴史民俗博物館

　千葉県佐倉市の国立歴史民俗博物館は，日本の歴史民俗を取り扱う国立の博物館として，その展示に強いメッセージ性を持っている。展示リニューアルを重ねるなかで，日本社会におけるマイノリティとして見なされてきたアイヌ民族や琉球の人びとをきちんと展示に含めるなど，人権問題に配慮した展示を心がけている。これは，博物館が社会的責任を果たすうえでの重要な取り組みの一例と言えるだろう。

（３）歴史系博物館の課題

　歴史系博物館の展示は，人権問題に関わるデリケートな側面を持つことに注意が必要である。たとえば，歴史上存在した民族集団について，展示に登場させなかったり，詳しい説明や正しい説明を展示しないような場合，社会的な問題になる可能性がある。

　また，博物館の歴史を振り返ると，15 世紀以降の大航海時代に世界各地から珍しい品々が収集された経緯がある。中には略奪や盗掘によって得られたものもあり，今日でも文化財の返還を求める声が上がっている。このような歴史的背景を踏まえ，展示する側と展示される側の関係性に不平等が生じていないか，つねに注意を払う必要がある。これらの課題に対応するため，展示内容の見直しが実施されることもある。次節ではソースコミュニティ（展示物の出自となる文化の担い手）との対話を進めている先進的な取り組みの例として，国立民族学博物館の事例を詳しく見ていく。

5. 国立民族学博物館の事例

（１）国立民族学博物館の概要

　1977 年に開館した大阪府吹田市の国立民族学博物館（以下，民博）は，世界の膨大な民族資料と情報を収集・公開し，文化人類学分野の研究教育の一大拠点となっている。初代館長の梅棹忠夫氏の「博物館はモノを集めるだけでなく，情報を集めて活用する，いわば博物館ではなく博情館であるべきである」という思想を受け継ぎ，日本の博物館の発展に大きく寄与してきた。また，「フォーラムとしてのミュージアム」という理念のもと，展示物の故郷のソースコミュニティと共に展示や情報発信を検討するなど，先進的な取り組みを行っている。

（2）アメリカ展示場の事例

国立民族学博物館准教授の伊藤敦規氏は，**図10-4**のようなアメリカ展示場のホピ民族の宝飾品コーナー等を担当している。この展示では，従来の民族集団としての分類や説明だけでなく，個々のアーティストの存在を強調する新しいアプローチを採用している。

①作者名の記載

展示資料について説明するキャプションに作者の名前を積極的に記載している。これにより，民族集団としてのアイデンティティだけでなく，個々のアーティストの創造性や個性を来館者に伝えることができる。

②制作過程の紹介

作品制作工程や作品解説に関する映像も展示し，より深い理解を促している。これにより，来館者は単に完成品を見るだけでなく，その背後にある文化的背景や技術，作者の思いなどを知ることができる。

写真：筆者撮影（以下同）

図10-4　アメリカ　ホピ民族の工芸品の展示

（3）著作権と文化的配慮

　伊藤氏らは，展示や資料の取り扱いにおいて，著作権や文化的配慮の問題に真摯に向き合っている。

①展示の選択と配慮

　ソースコミュニティの要請に応じて一部の資料を展示しないことを決定し，その代わりにキャプションのみを置くという工夫を行っている（**図 10 - 5**）。これは，文化的・宗教的に特別な配慮が必要な資料を尊重する，重要な取り組みである。

②デジタルアーカイブの公開範囲

　デジタルアーカイブ化された資料の公開範囲についても慎重に検討を重ねている。著作権法を遵守し，インターネットではなく館内での閲覧に限定したり，ソースコミュニティの人びとが利用しやすい冊子の刊行などの対応を行っている。

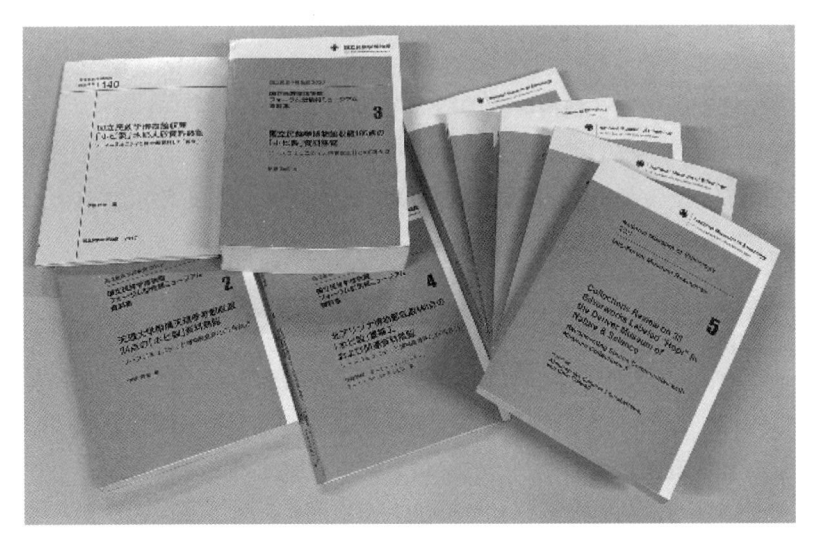

図 10 - 5　日本や米国の博物館での「再会」プロジェクトの日英 2 カ国語による冊子版報告書（2024 年 3 月時点で 11 回分が刊行済み）

（4）フォーラム型情報ミュージアムプロジェクト

民博では,「フォーラム型情報ミュージアム」プロジェクトを立ち上げ,所蔵資料とソースコミュニティの人びとを再び結びつける取り組みを進めている。とくに伊藤氏の「再会」プロジェクトは民博以外の館においても実施機会を設けている。

① 資料熟覧の実施

当該資料1点1点に関する情報を確認し,資料そのものに触れながら,自身の記憶と経験にもとづく主観的なコメントを引き出すことにより,文化的他者である研究者には見いだすことが困難な作品の特徴や意味を発見できる。

②新たな情報の記録と公開

資料熟覧を通じて得られた新たな情報や物語を記録し,それを展示や資料集として公開している（図 10 - 5）。これにより,博物館の所蔵資料に関する理解が深まり,より豊かな文化的コンテキストを来館者に提供することができる。

③著作権者の特定と利用許諾の取得

資料熟覧の過程で推定された作家を探し出し,本人と面談して著作権者を確定させ,利用許諾の取得のための交渉を行っている。これは,博物館資料の適切な管理と活用のために不可欠なプロセスである。

6. まとめ

本章では,歴史系博物館における人類史の展示,とくに民族文化と歴史に焦点を当てて,その特徴や課題について解説した。博物館の分類方法や,歴史系博物館の役割,展示における配慮すべき点などを詳しく見てきた。とくに重要な点として,以下が挙げられる。

①博物館の分類方法を理解し,それぞれの特徴を把握することの重要

性

②歴史系博物館が持つ，地域のアイデンティティとの結びつきや資料保管庫としての機能

③展示における人権問題への配慮の必要性

④ソースコミュニティとの対話や協働の重要性

⑤著作権や文化的配慮にもとづいた資料の取り扱いと公開

　民博の事例に見られるように，現代の歴史系博物館は単に資料を展示するだけでなく，ソースコミュニティとの対話を通じて新たな知見を生み出し，それを社会に還元する役割を担っている。このような取り組みは，博物館が持つ社会的責任を果たすとともに，異文化理解を深める場としての博物館の可能性を広げていると言えるだろう。今後の博物館は，より一層ソースコミュニティとの協働を深め，多様な視点を取り入れた展示や研究を行っていくことが求められる。また，デジタル技術の発展に伴い，資料のデジタル化や情報の公開方法についても，著作権や文化的配慮を踏まえつつ，より多くの人びとがアクセスできるような工夫が必要となるだろう。

参考文献

●伊藤敦規「民族誌資料の理想的なデジタルアーカイブと公開方法」『文化人類学』89(1)111-131.（2024 年）

●公益財団法人日本博物館協会（編）『令和元年度日本の博物館総合調査報告書』（公益財団法人日本博物館協会，2022 年）

https：//www.j-muse.or.jp/02program/pdf/R2sougoutyousa.pdf

（2024 年 12 月 29 日確認時点での最新版）

11 | 人類史の展示２：考古資料

| 鶴見　英成

《**本章の目標＆ポイント**》　人類史研究の中で，文字記録がない時代を含め，モノを資料として過去に迫ろうとするのが考古学である。古いためデリケートな資料，墳墓や建築のような巨大な資料などその対象は多岐にわたる。資料を取扱い，展示するうえで留意すべき課題について学ぶ。
《**キーワード**》　発掘調査，出土コンテクスト，盗掘，修復，完全性，真正性

1. はじめに

　人類史に関連する博物館展示の特徴と重要な側面について，前章では歴史民族資料を通じて，文字によって記録された時代を中心に取り上げた。今回は，文字記録が残っていない古代に焦点を当てる。まず物質的な遺物をもとに過去の社会を探る考古学の手法について説明し，それを踏まえて博物館展示の諸問題を解説する。

　考古学は，文字記録が存在しない時代の研究に特化しているわけではなく，限られた文字資料が残っている時代にも適用される。たとえば日本の古代，弥生時代の社会については，中国の歴史書に記述があり，また銅鏡などの考古資料に文字が含まれることもある。こうした場合，文字とモノの両方を用いて当時の社会を検証することになる。一般的に，文字（ふみ，史）による記録と対照しながら研究する考古学は「歴史考古学」と呼ばれ，明治時代の鉄道や第二次世界大戦の防空壕など，近現代まで対象となり得る。博物館展示においては，道具や建物，人間や動

物の遺体など，モノから得られる情報から，さまざまな時代の様相が研究された成果が示される。古代の中でもとくに「歴史」に先立つ「先史」時代の考古学は，文字記録を参照できないため，モノだけと向き合うことによるさまざまな問題を考慮せねばならない。

2. モノを読むことの難しさ

（1）考古資料の分類と特性

　まず，考古学という研究の現場がどのようなものか，その特性について説明する。考古資料にはいくつかの分類方法があるが，遺物，遺構，遺跡とモノを3区別する視点が重要である。

① 遺　物

　遺物は人間が動かすことのできるモノである。土器や石器などの工芸品や，ゴミとして捨てられた生物の体なども含まれる。

② 遺　構

　遺構とは，地面と一体となって動かないモノである。建物，墓，落とし穴などがこれに該当する。

③ 遺　跡

　人間の活動の結果として，遺物と遺構の両方が分布するまとまった範囲を遺跡と呼ぶ。

　遺物，遺構，遺跡，すべてに共通するのはモノである，という点であり，博物館との親和性が高い。遺構は地面と一体になっているが，たとえば発掘された住居跡や墓などを掘り出された状態に近いままで屋根をかけるなどして展示の一部とする例もある。さらに，遺跡の広い範囲を保存管理しながら，屋外展示として見学できるようにする博物館もあ

る。しかし，博物館で展示されるモノとして一般的なのは遺物である。遺跡から運び出され，法令に従って然るべき場所で保管されるが，博物館はその役割を担うことが多く，また研究や教育のためにそれらを活用している。

（2）出土コンテクストの重要性

　動くことのない遺構や遺跡と違って，遺物には難しい問題がある。遺跡において考古学者が発掘を行い，遺物が現れるその現場に注目してみよう。発掘現場では，たとえば2メートル四方の碁盤目状に発掘区を設定し，その中の土層ごとに掘り下げて，発掘区ごと，層ごとに遺物を収集する（**図11-1**）。発掘区の名前や土層番号を正確に記録するとともに，遺物の出土コンテクストを明確にするために，発掘区の平面図だけでなく，断面の写真や断面図も作成する。

　土層は基本的に，上に被さっている層の方が，下の層よりも後から堆積したことになる。何枚も堆積した層をきちんと記録し，それぞれの土層から出土した遺物を博物館収蔵庫などに持ち帰った後，細かく比較することで，どのような遺物が新しく，どのようなモノが古いのかという傾向がわかってくる。考古資料を年代と対応させる「編年研究」は，考古学の基礎となる研究である。とくに土器は，形や装飾などに時代ごとの特徴が現れやすいので，土器が採集できる遺跡であれば，編年研究にたいへん役立つ。さらに，土層の中から木炭などの炭化物が採取できた場合は，放射性炭素年代測定法によって，その植物が燃焼した年代の手がかりが得られる。土器編年や年代測定の結果をたくさん積み重ねていくことで，次第に過去の人びとの活動について時間的な変化を追いながら考えることができるようになるのである。

　さまざまな遺跡でこのように丁寧な発掘が行われると，遺跡と遺跡の

間で出土した遺物の特徴や年代測定の結果を突き合わせて，次第に広い地理的範囲を対象とした議論ができるようになる。たとえば，**図11-2**の鎧型ボトル2点は，1990年代ころまでは基本的に同時代のものと考えられていたが，各地の遺跡での発掘成果が蓄積されることで，左は形成紀中期（紀元前1200～800年ころ），右は形成期後期（紀元前800～500年ころ）と，数百年の違いがあることがわかったのである。

写真：筆者撮影（以下同）

図11-1　2メートル四方に設定した発掘区の中を土層ごとに掘り下げる様子

左：東京大学総合研究博物館，右：テンブラデーラ考古学プロジェクト

図11-2　形状や装飾の特徴から年代の違いがわかるようになった土器の例

　出土コンテクストの重要性は他にもある。たとえば，1 つの墓坑の中から成人男性一人の骨が見つかり，一緒に豪華な装身具などの充実した副葬品が出土すれば，その人物が当時の社会において高い社会的地位を持っていたことが示唆される。何が，どこに，どのような状態で（何と一緒に）埋もれていたのか，という出土コンテクストの吟味を重ねることで，遺物の年代，使い道，地理的分布など，過去の社会の様相が見えてくるのである。

（3）考古資料展示の課題

　考古資料の展示は，研究成果から導かれた学説に基づいて設計されている。文字を伴わないモノ自体から情報を読み取る先史考古学において，情報がどこまで確かなものなのか，不確かな要素にはどのようなものがあるのかという検証は非常に重要である。展示物に添えられた出土遺跡，出土コンテクスト，寸法などは確実な事実であるが，それ以外は研究の進展に伴って見直しが図られる可能性がある。担当する研究者や学芸員は，学問的に誠実な態度が求められ，できれば考古資料に伴うさまざまな情報を開示して，検証可能な体制を作っていくことも考えるべきであろう。

（4）盗掘の問題

　遺物の出土コンテクストを偽る捏造の事例は世界中で知られており，日本でも 2000 年に発覚した旧石器捏造事件が国際的に有名である。研究者・関係者は厳しく自己批判を行い，同様の問題が再発しないよう努めているが，捏造された情報が一時的に博物館に展示されていたこともある。専門家による意図的な捏造は論外であるが，文字情報を伴わない先史考古学の資料は，その出所に関して注意を払う必要がある。

　それは，公式な考古学調査ではなく，何者かが遺跡から発掘した資料が世に多く出回っているからである。世界的に見ると，日本では遺跡の盗掘はあまり目立たないと言える。盗掘を受けた古墳の事例はあるが，鉄製品や繊維製品など副葬品の保存状態が悪いため，あまり活発にはならないのであろう。一方で，劣化しづらい黄金製品や，美術品としての価値が高い土器や，状態のよい織物などは，盗掘の対象として狙われやすい。アンデス文明の黄金製品や土器や織物は世界中の博物館に収められているが，出土コンテクストが不明な盗掘品がたいへん多い。

（5）贋作の問題

　考古学の原則では，盗掘されたモノは考古資料としての価値を失っている。出所が不明ということは，精巧な贋作という危険性すらある。世界各国の博物館が所蔵するアンデス文明の土器には，贋作が多く含まれているとされる。X線CTを使って土器の内部の形状を観察したところ，外見上の特徴と，内面の構造から読み取れる製作方法とが，年代的に一致しないために，贋作であると判断されたものもある（図11-3）。

　図11-4はペルーで販売されている土産物の土器の底部であるが，レプリカであることを示す情報が彫り込まれ，ペルー政府が販売を認可したことが油性ペンで書かれている。もしもこのような処置を施さないと，贋作であることを伏せて売られてしまう恐れがある。盗掘品を無批判に考古資料として認めると，紛れ込んだ贋作を見逃す可能性があり，それは学問上許されることではない。そのため先述のX線CTなどを活用し，真贋を正しく評価する努力が必要である。

　贋作の可能性を排除したうえで，盗掘品については可能な限り研究に組み込むべきだと筆者は考えている。美術的に価値が高いとされる盗掘品は，地域・時代ごとの特徴が装飾などによくあらわれるので，土器編

年の研究に有用であり，出土コンテクストが明確な資料と比較すること
で，重要な知見を引き出せる可能性がある（慎重さは求められるが）。
また贋作の可能性を排除することが前提ではあるが，資料 1 点 1 点から
新たな知見が得られるので，資料数を増やしていくことは研究の進展に
寄与する。後述のように，東海大学文明研究所のアンデスコレクション
も基本的に盗掘品だが，X 線 CT で材質や内部形状を吟味して真贋を確
かめつつ，内部構造などについて各資料から新たに貴重な知見が得られ

図 11 - 3　同じ土器の内部形状と外観（東京大学総合研究博物館）

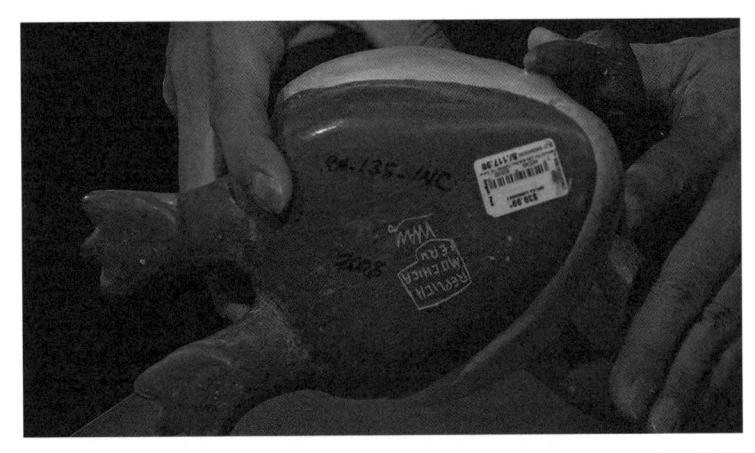

図 11 - 4　ペルーで販売されていた土産物の土器（レプリカだと明記する文字情報）

ている（鶴見, 2025）。どこまでが確実な情報であるかを見極めながら, 考古資料を活用することが求められているのである。

（6）修復の問題

　考古資料から読み取る情報の信頼性には, 修復に関する問題も含まれる。土器などの破片を接合して元の形に復元することが, 保存や研究, そして展示のために求められる場合があるが, その修復方法には慎重な考慮が必要である。欠けた部分を補う行為は, 資料を製作当初の状態に戻すことを意味するが, 考古資料は製作, 使用, 廃棄という「一生」を経たモノである。そのため使用されて汚れたり, 破損したりといった痕跡もまた, 資料の歴史の一部である。日本の縄文時代の土偶のほとんどは, 手足などの一部を意図的に欠損させてあると見られるが, 似たような事例がアンデス文明にもある。**図 11-5** の人物とジャガーの土偶はいずれも一部が欠損していた。幼児の墓に副葬品として添えられていたモノであるが, 埋める側の者は何らかの思いを持って壊したのかもしれない。このような欠損部をどのように扱うべきであろうか。

　ここで, ユネスコによる世界文化遺産の評価基準のひとつとして挙げられる「真正性（authenticity）」と「完全性（integrity）」という概念

図 11-5　手足の欠損した人やジャガーの土偶（クントゥル・ワシ博物館）

についてふれておこう。

　「完全性」とは，世界遺産の顕著な普遍的価値を表すものの全体が残されていることをいい，「真正性」とは，文化遺産の形状，材料，材質などがオリジナルな状態を維持していることをいう。なお，完全性については，文化遺産及び自然遺産ともに条件を満たすことが求められているが，真正性については，文化遺産のみに求められる（総務省ウェブサイトより引用）。

　人類学者の古谷嘉章は欠損した考古資料にどのような価値を見いだすかについて，これらの概念を（若干定義付けを手直ししながら）用いて論じた（古谷，2023）。修復を最小限にとどめた真正性の高い資料は，今後も学術的情報を引き出しうる源泉であるが，欠損している以上は完全性については留保せざるを得ない。完全性を伝えるにはむしろ，その時点での研究成果にもとづいて形状を再現したものを示すことが望ましいが，その役割は真正性のない複製品であっても果たせる。前者は「資料価値」が高く，後者は「展示価値」が高いと言える。博物館において考古資料の展示を構想する際には，目的に応じてどちらが適しているかを判断すべきなのである。
　欠損した考古資料を修復するかどうかの判断は，きわめて慎重に下さねばならない。資料の欠損部を補って製作時の姿を再現すれば，展示によって「完全性」を示すことができる，と考えてしまう者もいるだろう。接着剤が破損部断面に浸透・変質を招くなど，修復はオリジナルの部分を傷つける恐れのある作業だが，技術的な工夫により，物質的な真正性を損なわない手法をとれるかもしれない。しかし考古資料は製作・使用・廃棄という一生のうちにさまざまな変化を経験するのが常である。たと

えば先述の欠損した土偶の「完全性」とは何だろうか。粘土を焼成することによって完成したのか，それとも葬儀に際して手足を破壊することで完成したのか，答えは自明ではない。手足が破壊された状態に「完全性」が認められ，物質的にも「真正性」を満たしている，という考え方も成り立ちうるのである。慎重な判断のもと，前述の人物とジャガーの土偶は，現在は欠損した手足を修復せずに博物館に展示されている。

　なお考古資料の欠損を補う行為は，とくに装飾的な部位などの場合，過剰な修復となって情報の信頼性を損なうことがある。修復の根拠を示すことが困難だからである。手や足は左右対称についていたはずと考えて，左右対称に修復するのは一見すると合理的だが，古代の人びとが宗教美術に写実性を求めたと想定する根拠はなく，非対称であった可能性も排除できない。他にもよく似た類例が知られるような資料の場合，それを根拠として同じような姿に欠損部を補うこともあるが，手作りゆえにそれぞれが唯一無二の形状を持っていた可能性は残る。

　自然科学の博物館や研究機関で，鉱物や岩石，あるいは生物コレクションとする場合は，標本という言葉を使う。たとえば，同じ種に分類される生物の標本は，同じ特徴を持つというのが基本的な考え方である。しかし産業的な大量生産が確立する前の考古資料の多くは手工業による工芸品であり，すべてが画一的に作られているという前提がないため，標本と呼ばないのである。欠損部を修復する際には，情報を歪めてしまう恐れがないか検討し，修復方針の根拠を明示するとともに，修復箇所が識別できるようにすべきである。

3. 考古資料展示の企画意図

（1）東海大学のコレクション活用事例

　最後に，考古学資料を展示するうえでの企画意図について事例とともに述べよう。東海大学文明研究所のアンデスコレクション，とくに笛吹きボトルについては第 5 章でも紹介した。このコレクションは，もともと美術品として収集された経緯がある。すなわち，考古資料としてどこまで真正だと言えるのかという問題を抱えているのである。その問題を踏まえたうえで，東海大学では先述のとおり X 線 CT の利用によってきわめて詳細な分析を進めている。先に挙げた**図 11-3** の事例は，土器内面の凹凸の形状に不自然な点が見られ，贋作という判断を下すことのできた事例であるが，東海大学マイクロナノ研究開発センターが使用している高性能な X 線 CT 装置は，土器を構成する胎土そのものを分析対象とできる。すなわち，胎土を構成する粘土の中の微細な気泡や砂などの位置や密度を計測できるため，もしも土器の一部に他の部分と異なる素材が使われていれば，その範囲を詳細に検出することができる。そのような場合，盗掘品の本来は欠損していた部分に，現代の人間が自己流の修復を施したことが疑われる。このように過剰な修復を含む部分を特定し，それ以外の部分は真正性があると判断できるようになったため，贋作の疑いのある資料を一律に排除する必要はなく，研究資料として有効活用できるのである。このことは資料を展示活用するうえでも，大変有利な状況を生み出しつつある。

（2）倉敷考古館での展示事例

　2023 年に岡山県倉敷市の倉敷考古館にて，東海大学文明研究所をはじめ複数の研究機関が協力し，笛吹きボトルのコレクションを集めて特

別展示を開催した（「音の造形―古代アンデスの笛吹きボトル―」展）。
倉敷考古館は地元吉備地方の考古学界に貢献してきた博物館であるが，
古代アンデスの考古資料の寄贈を受けたことがあり，その中に動物像の
付いた笛吹きボトルがあった。このボトルは，展示企画をきっかけに東
海大学に一度移送され，X線CTによる分析にかけられた。その結果，
動物の顔の部分が後世に修復されたものであることが判明した。頭部が
欠損した状態で盗掘に遭い，美術品としての価値を高めるために現代の
贋作者が欠損部を補った事例と考えられる。本来はおそらくサルの像だ
ったところ，ピューマのような頭を付け足されていたが，そこだけ後世
の作であると外見だけから見抜くのは難しく，X線CTの働きが大きか

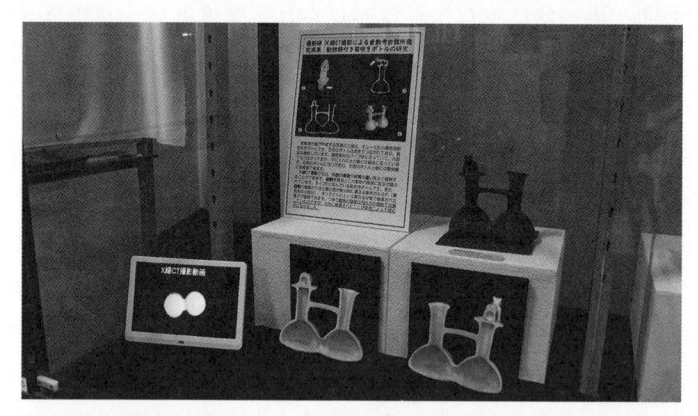

図 11-6　後世の過剰な修復について解説を添えた動物付き笛吹きボトルの展示

図 11-7　岡山盲学校の生徒たちが制作した笛吹きボトルの展示

ったと言える。この展示では，X 線 CT の分析結果を解説パネルと，ボトルを半分に断ち割った形態のレプリカで説明している（**図 11 - 6**）。

（3）展示の意義と工夫

　どのような展示であっても，その研究分野への入口という役割がある。研究成果を示すだけでなく，展示を通して，触れること，親しみを持つことが重要なきっかけになり得る点もまた，展示の大きな意義であるとも言える。倉敷考古館での展示においては，研究成果を来館者に示すだけではなく，同じ岡山県下の岡山盲学校で 3 回にわたって行われた笛吹きボトルのワークショップでの生徒たちの作品も一緒に展示された（**図 11 - 7**）。ワークショップで生徒たちは笛吹きボトルの実物に触れ，感触や音など視覚に縛られない鑑賞体験をしたうえで，古代の土器から受けた印象をもとに，笛吹きボトルの半完成品にそれぞれ自由に装飾を施した。思い思いに形作られたボトルには，古代の人が作り，音を鳴らした実物の土器に触れて，生徒たちが経験したさまざまな感情や発見が現れている。

4. まとめ

　本章では，考古資料の展示について，その特徴や課題，そして意義について解説した。考古資料は，文字記録のない時代まで含めて，人類史を解明するうえできわめて重要な役割を果たすが，その取り扱いと展示のしかたに慎重さを求められる。主な点をまとめると以下のようになる。

① 考古資料の分類（遺物，遺構，遺跡）と，それぞれの特性を理解することの重要性

② 出土コンテクストの重要性と，それを失ってしまった資料の持つ問題

③ 盗掘や贋作の問題，およびそれらへの対処方法

④ 修復に関する課題と，完全性や真正性のとらえかた

⑤ 考古資料の展示における工夫と，その教育的意義

　考古資料の展示は，単に過去の遺物を見せるだけでなく，人類の歴史や文化の多様性を理解する重要な機会を提供する。しかし，その展示にはつねに学術的な誠実さが求められる。出土コンテクストの重要性を認識し，修復や展示方法に細心の注意を払い，可能な限り正確な情報を提供することが必要である。同時に，考古資料の展示は，来館者に親しみや興味を持ってもらうための工夫も重要であり，ワークショップやハンズオン展示などの可能性をつねに探っていくべきであろう。

　最後に，考古資料の展示は，われわれの歴史観や世界観を見直す機会を提供するものでもある。日本においてなじみのある世界史は，ユーラシア中心の歴史観に依拠しがちであるが，世界のさまざまな地域で独自に発展した古代文明の姿を知ることは，現代を生きるわれわれにとっても大きな意義がある。考古資料の展示は，過去と現在，そして未来をつなぐ重要な役割を果たしているのである。　　　　（**巻頭口絵⑦も参照**）

参考文献

- 総務省ウェブサイト　「世界文化遺産の保存・管理等に関する実態調査_結果報告書_世界文化遺産の概要等」https://www.soumu.go.jp/main_content/000393813.pdf（2024 年 9 月 23 日確認）
- 鶴見英成「第 8 章　研究と博物館情報・メディア」『博物館情報メディア論‘(25)』（放送大学教育振興会，2025 年）
- 古谷嘉章「遺物の修復について人類学者が考える—断片・経年劣化・複製・展示」『縄文の断片から見えてくる—集報かと人類学者が探る修復の迷宮』（古谷嘉章・石原道知・堀江武史編，古小鳥舎 pp.167-236，2023 年）

12 | 美術の展示

| 寺田　鮎美

《**本章の目標＆ポイント**》　美術館がジャンルとしての美術の展示を行う博物館であることを確認し，絵画，彫刻などの美術作品を展示する美術館の展示空間の特徴，社会的役割について学ぶ。続いて，今日の社会における美術の展示として，社会包摂に取り組む展示，現代アーティストがキュレーションに関わる展示等について，事例を通じて理解を深め，美術館や美術の展示の今日的な課題について考える。

《**キーワード**》　美術館，美術，照明，ガラスケース，鑑賞，展示デザイン，コミュニケーション，社会包摂，現代アーティスト，キュレーター，キュレーション，ジェンダー，LGBTIQ＋，表現の自由，ボーダーレス化

1. 美術の展示とは

（1）美術館／美術とは

　美術館は，第1章で言及したように，博物館を展示内容で分類した場合の造形美術系の一種であり，広義の博物館に含まれるというのが，博物館学の一般的な考え方である。そのため，美術館とは，ジャンルとして美術を展示する博物館と言うことができる。

　「美術」という言葉は，「博物館」と同様に，明治期に入ってから，翻訳語として用いられるようになった。1873（明治6）年のウィーン万国博覧会への参加のため，ドイツ語の「Schöne Kunst」（新しい芸術）を官製訳語として「美術」としたのが，この語を初めて使用したものであったという。（北澤，1989，pp.112-115，pp.140-145）。

　今日では，美術とは，一般的に，絵画，彫刻，建築，工芸，写真などの造形美術ジャンルを指し，日本で美術の語が用いられるようになる明治以前に作られた彫刻や絵画等も，日本美術と呼ばれる。また，今日の美術館の展示対象は，さまざまな造形美術表現が生まれるなかで，上述の美術概念に収まらないものも含むようになっている。それらは，芸術やアートという呼び方がされることもある。本章では，美術を広義にとらえ，それらも含めて，美術館と美術の展示について考える。

（2）美術館の展示空間

　日本では，一般的に，「美術館」を博物館とは違うものとしてとらえるイメージが根強い。この違いはどこからくるのだろうか。ここでは，美術館の展示空間の特徴を考えよう。第1章で見たように，展示の類型には，展示の意図によるものがある。この類型では美術館は，美術作品そのものを直接提示することを重視した，鑑賞型展示が多い傾向にある。斉藤泰嘉は，「美術館は，美の世界への案内者であり，美術作品の鑑賞支援を主な役割とする」と述べている（斉藤，2010，p.204）。

　美術館が美術作品の鑑賞に特化した場となる要素として，特に注目したいのは，照明とガラスケースである。これらは，保存上の観点から，代替のきかない美術作品の安全な取り扱いを保障しながら，美術作品を鑑賞するための展示空間を成立させることにつながるためである。

　美術館の展示空間に入った時，照明が暗いと感じた経験をもつ人が多いのではないだろうか。これは，美術作品の保存を目的として，外光（紫外線）を遮断して，はじめから人工光線による照明が意図されているからである。それにより，一定の展示期間中，暗い光のなかで，できるだけ多くの来館者が交代で美術作品を鑑賞することができる空間が成立する。人工光線の照明計画では，保存上，光の影響を受けにくい美術作品

であれば，それを象徴的に美しく見せるために，スポットライトを当て
た演出も可能になる。日本美術（掛軸，屏風，仏像等）や西洋美術（油
彩画，ガラス工芸等）などの展示物の種類によって，各表現方法や素材
を伝える工夫も行うことができる（藤原，2014，pp.73-95）。

　博物館における展示手法は，大きく2つに分けられ，展示物を空間に
露出するオープン展示方式と展示物をガラスケースに入れるケース展示
方式がある。美術館では，前者は，主に一般的な絵画や彫刻作品等に，
後者は，日本美術等，特に展示中の厳密な温湿度管理や光の制限を必要
とする展示に用いられる（藤原，2014，pp.36-37）。ケース展示方式で，
展示物と鑑賞者の間に置かれるガラスケースは，鑑賞の邪魔になると感
じたことがある人もいるだろう。しかし，ガラスケースとは，来館者に
美術作品を間近に見ることを可能にした装置である（木下，2009，p.11）。
オープン展示方式であれば，美術作品の保存上の観点から，破損や盗難
のリスクを回避するために，展示物は来館者の手が届かない距離の場所
に設置されるだろう。ガラスケースを使用した展示では，来館者が美術
作品を触ったり，重さを感じたりすることはできないものの，至近距離
での作品鑑賞が成立するのである。

　このように，美術館の展示空間とは，美術作品の鑑賞のための場を目
的として，①外光を遮断した照明，②作品と鑑賞者の間に置かれるガラ
スケースを主たる特徴としてきた。しかし，これらの特徴は，美術館の
展示空間の必要条件ではない。たとえば，現代美術作品を扱う美術館の
展示で，作品保存上の理由から外光を遮断した照明やガラスケースを用
いる必要がない場合，外光を取り込んだり，オープン展示方式で作品を
至近距離で鑑賞できようになっていたりすることがある。この時の開放
的な展示空間の印象は，照明が暗いなかにガラスケースが並んだ展示空
間で受けるものとは大きく異なるが，それが作品鑑賞にふさわしい環境

として成立していることが美術の展示には重要である。

　博物館展示論として注目すべきは，上述の美術館の展示空間の2つの主な特徴が，美術館を他の博物館と区別してとらえるほどの強い印象を来館者に与えてきたという点から，展示デザインとして，その応用が可能になるという点である。たとえば，歴史系の博物館で，縄文土器の造形性を来館者に鑑賞させたいと考えた場合，上述の美術館の展示空間の特徴を満たした展示デザインを施すことで，来館者が縄文土器を美術作品として鑑賞するよう促すこともできるだろう。

（3）美術館の社会的役割

　次に，美術館を取り巻く社会に目を向けよう。美術館は，社会やそのなかで生み出される美術をめぐる状況に大きく影響を受ける。ここでは，美術館の社会的役割に関して，3つの転換点をみていこう。

　一つめは，ヨーロッパの啓蒙主義の時代における美術館の誕生である。現在，われわれが美術館で鑑賞する美術作品とは，そこで展示されるために作られたのではないものも多くある。それらは，信仰の対象，権力の誇示，何かの記念・記録等，本来の社会的文脈における機能を有していた（高松，1998，p.14）。1793年に開館したルーヴル美術館に代表されるように，美術館は，それらを従来の文脈から切り離し，等しく美術作品として鑑賞するため，また，それを通じて人々を教育するために，秩序立てて展示を行うようになった。

　二つめは，欧米の19世紀モダニズムの時代における，美術館に展示された作品を参照し，同じく美術館での展示を目的として制作された美術作品の登場である。ダグラス・クリンプは，ミッシェル・フーコーを引用して，その始めをエドゥアール・マネの絵画に見ている（クリンプ，pp.85-88）。このように，美術は，美術館の中で特殊な現実性を獲得し，

両者の相互依存関係のもとに，社会的に認知され，美術館もそのような美術に権威を与える神殿のような役割を担うことになった。日本に博物館が輸入されたのは，これ以降になる。

　三つめは，美術館の再社会化である。国際的な 20 世紀後半以降のポストモダニズムの時代における文化的変容により，美術や美術館が社会から乖離した特権性をもつことに疑問が呈されるようになった。そして，日本でも美術館は，市民社会の内部に復帰し，人々が美術を楽しむためのコミュニケーションセンターの役割を果たすことが求められた（加藤，2001，p.14）。これは，美術館のみならず，博物館全体の社会的役割の変化としてもとらえられる。しかし，美術館が人々と美術とをつなぐ社会的役割を担おうとする一方で，既存の美術概念に留まらない，パフォーマンスやアートプロジェクトといった新たな美術表現が登場し，制度として硬直化した美術館がそれに対応できないケースも生じることになった。

　21 世紀となった現在は，美術館がより柔軟に，さまざまな人々のニーズや美術表現の変化，そして社会課題に対応しながら，社会と向き合うことが求められていると言えよう。そこで，次節では，①社会包摂に取り組む展示，②現代アーティストがキュレーションに関わる展示，③ジェンダーや LGBTIQ ＋の展示，④表現の自由をめぐる問題の事例について取り上げる。

2. 今日の社会における美術の展示

（1）社会包摂に取り組む展示

　グローバル化が進み，持続可能な社会のあり方が問われる今日では，人々が互いの違いを尊重し，共生していくことは，重要な社会課題となっている。日本では，2011（平成23）年2月に閣議決定された，「文化芸術の振興に関する基本的な方針（第3次基本方針）」のなかで，「文化芸術は，子ども・若者や，高齢者，障害者，失業者，在留外国人等にも社会参加の機会をひらく社会的基盤となり得るものであり，昨今，そのような社会包摂の機能も注目されつつある」との文言が記された（閣議決定，2011，p.3）。このように，美術を含む文化芸術が社会包摂にいかに寄与するかが，今日大きく注目を集めている。

　また，2018（平成30）年に「障害者による文化芸術活動の推進に関する法律（平成30年法律第47号）」が公布，施行され，障害の有無に関わらず，人々が美術を含む文化芸術を鑑賞し，創造することができるように，障害者による文化芸術活動を促進していくことが定められた。これにより，障害者の文化芸術の鑑賞の機会の拡大のために，美術館を含む文化芸術施設がその設備や環境を整備することが，本法律による基本的施策として条文内で示された。

　「感覚をひらく——新たな美術鑑賞プログラム創造推進事業」は，京都国立近代美術館を実施中核館として，2017（平成29）年度から実施されている（以下，京都国立近代美術館教育普及室，2022を参照）。この事業では，地域の盲学校や大学等と連携し，視覚に障害のある人や作家と協働しながら，目で見ることだけに依らない新しい鑑賞プログラムの開発と実践を行っている。

　この事業の中で，2020（令和2）年度に立ち上げられた「ABCプロジ

ェクト」は，京都国立近代美術館の所蔵作品について，身体感覚を用い
た作品鑑賞の新しい方法や所蔵作品の新たな解釈を提案する取り組みで
ある。作家（Artist），視覚障害のある人（Blind/Partially sighted），美
術館（Curator）の三者が協働し，それぞれの専門性や感性を活かしな
がら携わることを特徴とする。

　2021（令和 3）年度の ABC プロジェクトでは，作家の中村裕太の参
加，河井寛次郎記念館の特別協力を得て，エデュケーショナル・スタデ
ィズ 03『眼で聴き，耳で視る──中村裕太が手さぐる河井寛次郎』とし
て，京都国立近代美術館のコレクション・ギャラリー内での体験を伴う
展示が開催された。河井寛次郎の陶芸作品について身体感覚を用いて理
解を深めることを目的とし，中村が制作した陶器による触れる造形物（ツ
ール），京都国立近代美術館所蔵の《三色打薬陶彫》ほか河井作品，河井
寛次郎記念館での触察の音声等を展示コンテンツとした。展示空間は，
来館者が目で見るだけでなく，触る，聞くなどの身体感覚を用いて，河
井寛次郎の仕事や暮らしぶりを紐解き，作品を鑑賞する場となっていた。

　この展示の開催に合わせて，「ABC コレクション・データベース Vol.2
河井寛次郎を眼で聴き，耳で視る」というウェブコンテンツの制作，公
開も行われている（京都国立近代美術館ウェブサイト）。このオンライン
展示は，より多くの人に開かれているとともに，河井寛次郎記念館での
触察の音声，河井寛次郎が切り抜いた新聞に関する対談など，音を聞き
ながら「耳で視る」工夫がなされている。

　ABC プロジェクトでは，その名のとおり，作家，視覚障害のある人，
美術館が全体を通して協働し，見える・見えないに関わらず，美術を楽
しむことのできる方法を検討している点を特徴とする。これは美術の展
示と社会包摂を考える上で，重要な観点と言えよう。

（2）現代アーティストがキュレーションに関わる展示

　20世紀後半以降，美術の展示の企画・実施に関わる「キュレーター」という専門職の知名度が高まるにつれて，世界的に「アーティスト兼キュレーター」と呼ばれる，アーティストが展示の企画・実施に関わるケースが急増した。実際に，アーティストと個展に取り組む際には，アーティストの作品をもっともよく知るアーティスト本人を共同キュレーターとすることが有益だと言えよう（ジョージ，2015，p.18，pp.247-248）。

　キュレーターは，レジストラー，コンサヴァターなどと並んで，美術館の分業化した専門家のなかで，調査研究，展示の企画・実施を担当する職能をさす。そのため，一人でさまざまな業務をこなすことの多い日本の学芸員と完全に一致する言葉ではないが，キュレーションは学芸員の重要な仕事の一つである。そして，近年では，現代美術館を標榜しない美術館でも，現代アートを展示に取り上げるケースが増え，現代アーティストが学芸員と協働してキュレーションに関わる展示が見られるようになっている。

　その理由の一つには，本章第1節で言及したように，20世紀後半以降，美術館は現代社会とのつながりを重視し，市民が美術を楽しむためのコミュニケーションセンターとしての社会的役割が求められるようになったことが挙げられる。そのなかで，過去の美術作品ばかりではなく，現代社会をまさに反映した現代アーティストの美術作品や思考に積極的に目が向けられるようになったものと考えられる。

　具体的な事例を見てみよう。2022（令和4）年に静岡県立美術館で開催された『みる誕生　鴻池朋子展』は，現代アーティストの鴻池朋子を迎えて，同館の背後の裏山へと分け入る美術館からの「逃走ルート」を探し出すところから，展示企画がスタートしたという（静岡県立美術館ウェブサイト）。本展の展示会場は，同館のエントランス，企画展示室，

さらにロダン館のラウンジから裏山へと続いた。裏山には，鴻池作品 5 点が配置された（**図 12 - 1 , 2** ）。鴻池の提案を受けて，同館の裏山を展示会場の一部にしようとしたときには，誰の土地なのかがわからず，登記簿の確認から始める作業が必要とされたという（木下，2023）。現代アーティストによるキュレーションへの関与がなければ，裏山という美術館の建物空間の外を展示会場に使う発想は生まれなかったことだろう。

　『みる誕生』展は，高松市美術館，静岡県立美術館，青森県立美術館のリレー展として，三館の学芸員と鴻池により，行く先々の地勢や美術館の個性を活かすことを前提に企画された（毛利，2022，川谷，2023）。静岡展では，鴻池が三館学芸員にとくに基準なく静岡県立美術館のコレクションを選ぶこと，そして，そのコレクションと元ハンセン病療養所の患者たちの手で描かれた絵画作品を一緒に展示したいとリクエストしたという。このように，コレクションとは何かを問う，鴻池のキュレー

図 12 - 1　美術館裏山に展示された鴻池朋子作品《陸にあがる／左脚》2017 年

写真：筆者撮影（2022 年，静岡県立美術館）

図 12 - 2　美術館裏山に展示された鴻池朋子作品《高松→越前→静岡皮トンビ》2022 年

ションの意図により，本展は，展示空間内での美術作品鑑賞に新たな視座や関係性を生み出した事例となっている。

　高知県立美術館で2022（令和4）年に開催された『佐藤健寿展　奇界／世界』は，写真家・佐藤健寿がこれまでに撮影した世界各地の「奇妙なもの」とその旅の光景を紹介するとともに，高知で撮り下ろした作品を組み合わせて展示が構成された（高知県立美術館ウェブサイト）（**巻頭口絵⑧**）。佐藤は，この展示のために，高知県立美術館学芸員らに案内を求め，高知の民間信仰「いざなぎ流」の伝承者である「太夫」のもとを訪れ，ポートレートや祭具類の撮影を行った（朝倉，2022）。

　朝日新聞社と佐藤が企画を担った本展は，複数の美術館で順次開催される巡回展であるが，現代アーティストの佐藤がキュレーションに関わることで，従来の巡回展とは異なる側面が見られる。それは，巡回先の美術館の協力を得て，佐藤がその地域で興味をもった対象を撮り下ろし，その作品を展示作品に加えることで，佐藤が各美術館での展示に地域の独自性を付与している点である。高知展の撮り下ろしパートでは，いざなぎ流の研究を専門とする高知県立歴史民俗資料館の学芸員の協力を得て，佐藤撮影によるいざなぎ流太夫ポートレートと，太夫が用いる山の神の棚や関連する民俗学資料を組み合わせた展示が成立し，佐藤という現代アーティストの思考をきっかけに，地域の文化史を再発見し，それを来館者に伝える興味深い事例となっていた。

（3）ジェンダーや LGBTIQ＋を扱った展示

　美術史家のリンダ・ノックリンは，1971年に「なぜ偉大な女性アーティストはいなかったのか」という問いを提示し，西洋の白人男性を中心に形成された美術史に対する問題提起を行った（Nochlin, 1971）。また，1985年に結成されたアーティスト集団のゲリラ・ガールズは，1989年

に「女性は裸でなければメトロポリタン美術館に入れないのか？」という作品を発表した。この作品内に，メトロポリタン美術館の近代美術セクションに展示されている女性アーティストの作品数は5％未満，一方ヌードは85％が女性であるというテキストを記し，美術館における男性中心主義や女性の偏ったイメージを痛烈に批判した（ゲリラ・ガールズウェブサイト）。

　この2つの例が示すように，フェミニズムやジェンダーの視点から美術史や美術館の制度・枠組みそのものを問い直す動きは，20世紀後半以降に始まった。ジェンダーの問題は，1995年の第4回国連世界女性会議で採択された北京行動綱領にジェンダー主流化が明記され，2015年には国連サミットで採択されたSDGsの17の目標の中に「ジェンダー平等を実現しよう」が盛り込まれたことにより，近年では，重要な社会問題の一つとして，多くの人々に認識されるようになっている。

　日本では，1990年代以降，ジェンダー視点を導入した美術の展示（特別展示）が，東京都写真美術館や栃木県立美術館をはじめに行われるようになる（笠原・小勝，2017）。この動きには，ジェンダーに対する問題意識をもつ学芸員の存在があったことが特筆される。近年の注目される事例には，2022年に渋谷区立松濤美術館で開催された『装いの力——異性装の日本史』がある。同展は，身にまとう衣服によって性の境界を越境してきた異性装をテーマに，男女という二項対立のジェンダー観を問い直す試みとなった（渋谷区立松濤美術館編，2022）。

　このような取り組みが認められる一方で，美術の展示におけるジェンダー不平等は，今日でも根本的には解消されていない。2019年1月時点で，日本の国公立の美術館（東京都現代美術館，東京都写真美術館，国立国際美術館，東京国立近代美術館）の収蔵作品の男女比を分析したデータを見ると，依然として男性アーティストによる作品が78％から88％

と多数を占め，女性アーティストによる作品は 10％から 13％に留まる（竹田，2019）。ゲリラ・ガールズが 2005 年と 2012 年にメトロポリタン美術館での展示作品の数え直しを行い，再制作した「女性は裸でなければメトロポリタン美術館に入れないのか？」の例でも，2012 年版で女性アーティストの作品数は 4％未満，ヌードの女性は 76％となっており，1989 年と大きくは変わらないことがわかる（ゲリラ・ガールズウェブサイト）。

大英博物館で 2021 年に開催された『現代日本の女性作家，6 つのストーリー』は，1960 年代から 2010 年代までに国際的に高く評価されている日本の女性アーティストに着目するとともに，ジェンダー不平等を取り巻く広範な問題について考えることをテーマにした展覧会であった（大英博物館ウェブサイト）。展示テキストを見ると，大英博物館の日本コレクションには，男性アーティストの作品が約 4,500 点あるのに対し，女性アーティストの作品はわずか 140 点しかないという数字が示されている。さらに，この不均衡を解消するために，大英博物館では，日本の女性アーティストの近現代作品の積極的に収集し，日本ギャラリーでは女性アーティストの作品を常時展示しているという取り組みの紹介がある。この事例に見るように，期間限定の展示企画にジェンダーの視点を反映するのみならず，コレクションの形成やその常設展示にいかにジェンダー平等を実現していくかが重要であり，長期的な課題となる。

美術の展示における不平等は，ジェンダーの問題に留まらない。社会的マイノリティとして，これまでほとんど扱われる機会を得てこなかった LGBTIQ＋をいかに可視化するかというテーマは，近年，世界的に注目されている。2022 年にロンドンに開館したクィア・ブリテンは，英国で初めて「LGBTQ＋」（LGBTIQ＋と同意と考えてよい）をテーマとする国立美術館である。開館記念展「私たちはクィア・ブリテンです」で

は，英国初のプライドマーチから 50 周年を記念したもので，さまざまな物やイメージ，人々の声で構成されており，100 年以上にわたるクィアの人々の生活を紹介した（クィア・ブリテンウェブサイト）。「LGBTQ＋」のための「最初の物理的な家」となる美術館の誕生は，コレクションの拡充を含めて，今後の展開が期待される。

（4）表現の自由をめぐる問題

　表現の自由とは，日本国憲法で保障された権利である（第 21 条）。一方で，表現の自由は無限に認められるものではなく，公共の福祉のためには，必要かつ合理的な制限が是認されることがある。美術の展示では，これまで，性的表現，宗教・政治，歴史認識，人権などに関係する美術作品が展示中止や改変を求められた事例が多数存在する（『美術手帖』2020，pp.88-99，川口，2020 を参照）。個別事例の対応の是非はここで論じないが，美術という表現を展示する美術館では，立場や考え方の異なる多くのステークホルダーが存在するため，表現の自由と規制がしばしば問題となることは避けられないと言えよう。この問題に対応していくために，学芸員をはじめとする美術館関係者は，美術館で公開する展示の社会的意義を明確にし，人々に説明できることがまず重要となる。さらに，クレア・ビショップは，プロジェクト化した美術表現が現れた 1990 年代以降，キュレーターとは「アーティストと公衆の間を取り持つ媒介者という，美術館モデルに留まる存在」ではなく，「幅広い鑑賞者の層にとって社会的意義のある芸術を，協働して生産＝創造することを確固として望み，展覧会そのものを包括的な議論とみなす人々」であると指摘する（ビショップ，2016，p.309）。今日の美術館は，さまざまな価値観を受け止め，議論に開かれている社会的な場として，美術の展示をキュレーションしていくことが求められる。

　1つの事例を参照しよう。2018 年，マンチェスター市美術館では，ラファエル前派の画家ジョン・ウィリアム・ウォーターハウスが裸の女性像を描いた作品《ヒュラスとニンフたち》を展示室から一時撤去するという出来事があった。この作品の撤去は，裸の女性像を公共的な美術館で展示することに対する美術館の自主規制のように映ったが，実は現代アーティストのソニア・ボイスによるパフォーマンスの一環であり，美術館がボイスとともに入念に練り上げた計画に基づいていた。本作品の展示や解釈をめぐる議論を社会に広く喚起することを目的にしたこの計画には，作品撤去後の壁面に来館者が意見を書いた紙を貼付することや，「#MAGsoniaboyce」のハッシュタグでツイッターに人々が意見を寄せることが盛り込まれており，実際に賛否両論のさまざまな意見が交わされた（Brown, 2018, Boyce, 2018）。今日の SNS 時代では，美術館が外部の人々との対話を建設的に積み重ねることには困難も大きい。この事例は，美術館が自ら現状の展示に関する問題提起を行い，それについて議論するための開かれた場を作った点に注目できる（川口，2020, pp.50-53）。

　SNS の時代に，日本で，美術の展示と表現の自由の問題が大きく社会的な関心を集めたのは，2019 年の国際芸術祭「あいちトリエンナーレ 2019」であった。この芸術祭において，美術館は会場の一つとしての役割を担い，展示のキュレーションに関与する立場になかったという点は予め指摘のうえ，公共の場における美術の展示の例として，ここで参照する。

　同芸術祭では，過去に公立美術館などで展示不許可になった作品から表現の自由への問題提起を行うことをテーマとした「表現の不自由展・その後」という一つの展示企画に対し，芸術祭開幕後に一部の展示作品に対する反発や抗議が起こり，脅迫や電凸による安全管理上の深刻なリ

スクにさらされたため，芸術祭主催者が同展の中止を判断する事態となった。展示中止と再開の経緯やさまざまな見解については，あいちトリエンナーレのあり方検討委員会の調査報告書（2019），あいちトリエンナーレ実行委員会の公式カタログ（2020）および関係者の著作やインタビュー（岡本・アライ，2019，『美術手帖』2020，pp.10-43，鷲田，2020）等に詳しい。ここでは，「表現の不自由展・その後」の展示中止をきっかけに作成された「あいち宣言・プロトコル」に注目したい。

　「あいち宣言・プロトコル」起草ワーキンググループの小田原のどか，藤井光，村山悟郎によれば，この文書は，あいちトリエンナーレ 2019 キュレーターのペドロ・レイエスが発案，トリエンナーレ実行委員会会長で愛知県知事の大村秀章がそれを受け，各国政府や世界の人々に表現の自由をアピールするために参加アーティストやキュレーターに協力を呼びかけ，参加アーティスト主導で作られた（あいちトリエンナーレ 2019 ウェブサイト，別添 2）。「あいち宣言・プロトコル」には，市民が多様な文化芸術を享受する権利を守るために，今後の国際芸術祭や展覧会のための指針が記述されている。はじめに表現の自由，芸術の自由の重要性を確認し，芸術祭に参加するアーティスト，芸術監督やキュレーター，および主催者の権利と責務，芸術祭の会場としての美術館の役割，地方自治体の責務を列挙している（あいちトリエンナーレ 2019 ウェブサイト，別添 1）。特に，芸術監督やキュレーターの権利と責務では，キュレーションにおける表現の自由とともに，キュレーションの意図や背景の説明責任，キュレーションの責務としてアーティストとの協議や鑑賞者への学びの場の提供および社会包摂への配慮が明記された意義は大きい。この「あいち宣言・プロトコル」は，国際芸術祭のみならず，広く美術の展示に関わる人々が認知し，社会で実装していくべき内容と言えるだろう。

3. 美術の展示の展望と課題

　以上のように，今日の社会における美術の展示を考える上で注目される4つのトピックからは，展示の企画や実施における学芸員・キュレーターの責任，そして，キュレーションという行為の重要性が浮かび上がった。さらに，今日では，グローバル化やデジタル技術の進展等の影響により，われわれが実際に既存の枠組みのボーダーレス化を経験するようになってきている。そのなかで，美術館と博物館のボーダーレス化や協働が進み，美術館や美術の展示は，新たなものの見方や社会課題への対応を創出していく方向に進んでいると言えるだろう。

　本章第2節で紹介した『佐藤健寿展　奇界／世界』では，展示に，佐藤健寿の写真作品に関連する国立民族学博物館所蔵の資料を組み合わせていた（佐藤，2022）。インドネシアの副葬用彫像，ガーナで作られた飛行機型の棺，なまはげの装束などは，佐藤作品に対する理解を深めるツールとなるとともに，美術館に展示されることで，そのもの自体の造形美を鑑賞，発見する機会の創出につながった。同じく本章第2節で取り上げた『みる誕生　鴻池朋子展』では，自然の中に存在するものを表した《動物の糞模型》が展示に組み込まれていた。この例も，美術館に糞を展示するという，美術館における鑑賞に関するこれまでの固定観念を覆すものであると同時に，美術館で生物の自然の営みを考えさせるという，美術館と博物館のボーダーレス化の例であったと言えよう。

　このように，今後，美術館の活動や美術の展示は，さまざまなキュレーションの工夫やジャンルを超えた協働により，そのあり方を考えていく必要がある。この考察を深めていくことも，博物館展示論の重要な課題の一つと考えられる。

参考文献

●あいちトリエンナーレ 2019 ウェブサイト「『あいち宣言・プロトコル』を作家代表から受け取りました」(2019 年 12 月 18 日）https://aichitriennale2010-2019.jp/news/2019004419.html（2024 年 9 月 10 日最終確認）

●あいちトリエンナーレのあり方検討委員会『「表現の不自由展・その後」に関する調査報告書』（2019 年 12 月）

●あいちトリエンナーレ実行委員会編『あいちトリエンナーレ 2019 情の時代』（あいちトリエンナーレ実行委員会，2020 年）

●朝倉芽生「佐藤健寿展」『THE MUSEUM OF ART, KOCHI　KENBI LETTER ケンビレター』114 号（高知県立美術館，2022 年 7 月）

●岡本有佳・アライ＝ヒロユキ編『あいちトリエンナーレ「展示中止」事件――表現の不自由と日本』（岩波書店，2019 年）

●閣議決定「文化芸術の振興に関する基本的な方針（第 3 次基本方針)」（文化庁，2011 年 2 月）

●笠原美智子・小勝禮子「対談：美術館とジェンダーをめぐる 30 年の戦い」『美術手帖』1061 号（美術出版社，2017 年 11 月，pp.100-105）

●加藤哲弘「序――日本の美術館をめぐる状況」加藤哲弘他編『変貌する美術館――現代美術館学 II』（昭和堂，2001 年，pp.14-15）

●川口幸也「揺さぶられるアートと美術館」川口幸也編『ミュージアムの憂鬱――揺れる展示とコレクション』（水声社，2020 年，pp.13-62）

●川谷承子「『みる誕生　鴻池朋子展』は美術館に何をもたらしたのか。」川谷承子，植松篤編集『みる誕生 鴻池朋子展　記録集 静岡編』（静岡県立美術館，2023 年，pp.60-65）

●北澤憲昭『眼の神殿――「美術」受容史ノート』（美術出版社，1989 年）

●京都国立近代美術館ウェブサイト「ABC コレクション・データベース Vol.2　河井寛次郎を眼で聴き，耳で視る」https://www.momak.go.jp/senses/abc/kanjiro/（2024 年 9 月 10 日最終確認）

●京都国立近代美術館教育普及室「感覚をひらく――新たな美術鑑賞プログラム創造推進事業　令和 3 年度実施報告書」（新たな美術鑑賞プログラム創造推進事業実行委員会，2022 年 3 月）

● 木下直之「ミュージアムでなぜしゃべってはいけないの？」木下直之編『芸術の生まれる場』（未来を拓く人文・社会科学シリーズ16）（東信堂，2009年，pp.5-15）

● 木下直之「鴻池朋子展後日談と糞尿譚」静岡県立美術館ニュース『アマリリス』148号（静岡県立美術館，2023年1月，p.2）

● クィア・ブリテンウェブサイト https://queerbritain.org.uk （2024年9月10日最終確認）

● 高知県立美術館ウェブサイト「佐藤健寿展　奇界／世界」https://moak.jp/event/exhibitions/kenjisato.html （2024年9月10日最終確認）

● クリンプ，ダグラス「美術館の廃墟に」フォスター，ハル編，室井尚・吉岡洋訳『反美学──ポストモダンの諸相』（勁草書房，1987年，pp.81-103）

● ゲリラ・ガールズウェブサイト "DO WOMEN STILL HAVE TO BE NAKED TO GET INTO THE MET. MUSEUM?" https://www.guerrillagirls.com/naked-through-the-ages （2024年9月10日最終確認）

● 斉藤泰嘉「7-6　美術館」日本展示学会編『展示論──博物館の展示をつくる』（雄山閣，2010年，pp.204-205）

● 佐藤健寿解説『佐藤健寿展　奇界／世界』（朝日新聞社，2022年）

● ジョージ，エイドリアン，河野晴子訳『THE CURATOR'S HANDBOOK　美術館，ギャラリー，インディペンデント・スペースでの展覧会のつくり方』（フィルムアート社，2015年）

● 静岡県立美術館ウェブサイト「みる誕生　鴻池朋子展」https://spmoa.shizuoka.shizuoka.jp/exhibition/detail/89 （2024年9月10日最終確認）

● 渋谷区立松濤美術館編集『装いの力──異性装の日本史』（渋谷区立松濤美術館，2022年）

● 障害者による文化芸術活動の推進に関する法律（平成三十年法律第四十七号），e-Gov法令検索　https://laws.e-gov.go.jp/law/430AC0100000047 （2024年9月10日最終確認）

● 高松麻里「欧米における美術館の誕生」並木誠士・吉中充代・米屋優編『現代美術館学』（昭和堂，1998年，pp.14-25）

● 竹田恵子「統計データから見る日本美術界のジェンダーアンバランス。シリーズ：ジェンダーフリーは可能か？（1）」『美術手帖』（2019年6月5日）https://bijutsutecho.com/magazine/series/s21/19922 （2024年9月10日最終確認）

●ビショップ, クレア著, 大森俊克訳『人工地獄――現代アートと観客の政治学』(フィルムアート社, 2016 年)

●藤原工『学芸員のための展示照明ハンドブック』(講談社, 2014 年)

●毛利直子「リレー展『みる誕生』の始まりは瀬戸内の波打ち際から」静岡県立美術館ニュース『アマリリス』147 号 (静岡県立美術館, 2022 年 10 月, p.3)

●鷲田めるろ「顕彰か検証か――『表現の不自由展・その後』をめぐって」川口幸也編『ミュージアムの憂鬱――揺れる展示とコレクション』(水声社, 2020 年, pp.91-106)

●「表現の自由と規制の事件簿」『美術手帖』1081 号 (美術出版社, 2020 年 4 月, pp.88-99)

●「検証：あいちトリエンナーレ 2019」『美術手帖』1081 号 (美術出版社, 2020 年 4 月, pp.10-43)

●Boyce, Sonia. (6 February 2018) "Our removal of Waterhouse's naked nymphs painting was art in action", *The Guardian*. https://www.theguardian.com/commentisfree/2018/feb/06/takedown-waterhouse-naked-nymphs-art-action-manchester-art-gallery-sonia-boyce (2024 年 9 月 10 日最終確認)

●Brown, Mark. (31 January 2018) "Gallery removes naked nymphs painting to 'prompt conversation'", *The Guardian*. https://www.theguardian.com/artanddesign/2018/jan/31/manchester-art-gallery-removes-waterhouse-naked-nymphs-painting-prompt-conversation (2024 年 9 月 10 日最終確認)

●Nochlin, Linda. (1971) "Why Have There Been No Great Women Artists?" *Art News*, January 1971, pp.22-39. (Nochlin, Linda. (30 May 2015) "From 1971: Why Have There Been No Great Women Artists?", *Art News*. https://www.artnews.com/art-news/retrospective/why-have-there-been-no-great-women-artists-4201/ (2024 年 9 月 10 日最終確認))

●大英博物館ウェブサイト　Trustees of the British Museum. *Contemporary women artists of Japan six stories*. https://www.britishmuseum.org/sites/default/files/2021-12/Contemporary_women_artists_of_Japan_six_stories_large_print_guide.pdf (2023 年 4 月 18 日最終確認)

13 | 自然史の展示 1：非生物

三河内　岳

《本章の目標＆ポイント》　自然史の中で，とくに非生物を扱う博物館や博物館相当・類似施設に関して学ぶ。天体・地質・気象など空間・時間スケールの大きな対象を体感的に学ぶ標本や実際のフィールドを，その研究内容とともに，いかに展示で表現するのかを考えていくうえで適した対象と考えられる鉱物の展示を取り上げる。

《キーワード》　岩石，鉱物，隕石

1. はじめに

　さまざまなミュージアムにおいて，非生物のみを扱う展示は非常に多い。ただし，自然史博物館に限って考えてみると，生物展示と非生物展示の両方が存在，もしくは共存していると言える。これは，自然史博物館自身が，自然を抱いている地球という星そのものを意識しており，固体部分の地球を構成する要素としての非生物（たとえば，岩石や鉱物，さらに地球を取り巻く大気やその先の宇宙），そして，地球に暮らす生物（今のところ宇宙には地球しか生物は確認されていない）という二大対象を展示しているからである。ただし，自然史博物館の展示においては，近年は生物と非生物という括りで考えると，生物のほうにやや重きが置かれている傾向がある。その中でもとくに「生物多様性」を意識した展示が多くなっている。一方で，非生物のほうでは，固体地球という視点で考えると，おのずと岩石や鉱物が主要対象となってくるであろう。時に，美しい形の結晶として，宝石にもなりうる鉱物は，岩石よりも興味

を持たれる展示物としてしばしば目にする。実際に鉱物は，地球の固体部分の構成単位ともいえるものであり，生物であれば細胞に相当するものである。本章では，鉱物の展示を例にとって，それらが欧米の主要な自然史博物館でどのように展示されているか，また，筆者が同様に手掛けた東京大学総合研究博物館での鉱物特別展示では，どのようなコンセプトに注意を払ったかを紹介し，それぞれの展示の表現について考える。

2. 非生物展示の対象

そもそも，自然史博物館での展示物としての非生物とは何であろうか？　単純に考えると，自然を構成しているもののうち生物で無いもの，つまり，岩石や鉱物，そして地球を取り巻く大気とさらにその先に広がる宇宙であろうか。地球を取り巻くものという対比では，地球の内部を構成するものも同時に考えることができるだろう。しかし，やはり，岩石や鉱物が真っ先に想定され，生物に比べると，その範囲，多様性は決して広くないと言える。ただし，ここで言う範囲とは対象のことで，実際の非生物展示物は実に広い空間・時間スケールを持っている。

たとえば，時間的スケールを考えてみよう。宇宙の歴史はおよそ138億年と見積もられている。これは途方もない数字で，われわれ人間の一生などほんの一瞬でしかない。宇宙の誕生から地球の誕生前の間までの時間範囲を考えると，これはもはや宇宙そのものの事象を考えるしかなく，自然史博物館を想定すると，天文にまつわる展示となる。これには，各地の天文台，科学館やそれに関連するプラネタリウムなどの施設がその専門化したものと言える。

また，地球の歴史も45億年とか，46億年であり，同様に途方もない時間である。ただし，地球は太陽系が誕生して，ほどなく生まれたが，太陽系の年齢は地球の年齢よりも正確にわかっている。それは45.67億

年であり，隕石を分析することでわかったものである。隕石は太陽系が誕生した時の状態を記録したままの「太陽系の化石」とも言える存在で，われわれが手に取って見ることのできるものでは自然界で最古のものである。このように考えると，一般的には自然史博物館に限らず，博物館には通常「古いモノ」があふれているわけだが，化石よりも何よりも最も古い展示物は隕石なのである。

　では，隕石は除くとして，地球のものでいちばん古いものは何だろうか？　化石と思うかもしれないが，そうではない。それは「鉱物」である。今から約 44 億年前にできたジルコンという鉱物のかけらがオーストラリアで見つかっていて，これが地球のモノとしてはいちばん古い。

　このように隕石や鉱物は，地球や太陽系の歴史を語ってくれるもので，自然史博物館で展示されるということは，単に古いということだけでなく，科学的な意味合いがとても強いからである。隕石については，太陽系や地球を含む星々がどうやってできたかを知るという点では，ほぼ唯一の物的情報源と言える。鉱物も，地球の固体部分を形づくっている基本単位であり，地球ができてからしばらく後ではあるものの，44 億年分の情報を記録している。また，鉱物の場合は，しばしば美しい結晶外形を見せる特徴があるし，色鮮やかでなおかつ透明であるような宝石質の標本もよく自然史博物館には展示されている。

　鉱物の特定のものは，ある限られた地域でしか産出しないような地域特有のものも多少はある。しかし，実際のところは，世界中どこにでも大局的に見れば，おおよそ似たような鉱物が主要構成物になっており，地球全体を概観したうえでは，展示される対象は同様の種類のものになる。このことは，各自然史博物館での鉱物展示においては，展示企画者の意図が強く反映されることを意味している。そこで，次の節では，世界に目を広げて，各地の自然史博物館で鉱物の展示がどのように行われ

ているかを見てみよう。

3. 欧米における自然史博物館での鉱物展示例

　地域的な偏りは否めないが，ここでは，欧米の主要都市にある7か所の自然史博物館を取り上げて，それぞれの博物館で，鉱物標本がどのように取り上げられ，展示されているかを簡単に紹介する。

（1）ベルリン自然史博物館（ドイツ・ベルリン）

　かつての東ベルリン地区にあり，もともとはフンボルト大学自然史博物館であったが，現在は独立した法人となっている。第二次世界大戦後に長く東側世界に位置していたという歴史的経緯からか，パリやロンドンとはひと味違う雰囲気の博物館となっている。ここには，始祖鳥の有名な化石標本が展示されており，また，入場してすぐのメインホールに

写真：筆者撮影（図13-12は三河内彰子，図13-16は増田みなみ撮影）
左上　図13-1　ベルリン自然史博物館のエントランスホール
右上　図13-2　ベルリン自然史博物館のホルマリン瓶がうず高く積み重なった収蔵展示コーナー

図13-3　ベルリン自然史博物館の鉱物展示室

は巨大なブラキオサウルス類の恐竜骨格標本が約12mの高さにそびえている（**図13-1**）。恐竜などの標本の多くは，20世紀初頭に当時ドイツの植民地であった東アフリカで発掘されたものである。

館全体では展示方法が美しく考えられている。たとえば，館内の一角にはガラス越しに，生物標本のホルマリン漬けがうず高く棚に積み重ねられたスペースがあり，よく考えられた照明とともに来館者を圧倒する（**図13-2**）。収蔵庫と展示室を一体化した収蔵展示の大規模な例と言えよう。

エントランスホールのすぐ脇にある鉱物の展示室には，世界各国から集められた標本が木製の展示棚に化学組成による分類順によって整然と並べられている（**図13-3**）。ドイツは鉱物学が発達していた場所であり，鉱物学や結晶学を詳しく紹介する展示コーナーも多くあり，その歴史的な背景を垣間見ることができる。鉱物展示室の真上の2階の部屋が非公開の鉱物収蔵庫になっており，展示室にあるのと同じ木製棚が同様に並んでいる。展示棚だけでなく，引き出しにも鉱物標本が所狭しと収蔵されているが，ベルリンは，明治時代から日本人鉱物学研究者も多く留学していた場所であり，そこには日本の鉱物学研究者の祖と言える和田維四郎の名前がラベルに入った標本もある。日本とのかつての学問上の繋がりを実感させてくれる博物館である。

（2）ロンドン自然史博物館（イギリス・ロンドン）

もともと，大英博物館の一部門として始まった博物館であるが，動物，植物，鉱物など自然科学にまつわる膨大な量の標本を収蔵，展示している。かつての大英帝国の威光により，世界中から収集された標本がベースになっていることは想像に難くない。もともと，現在の位置に博物館ができたのは19世紀終わりで，そのころの建物に加えて，近年はダーウ

ィンセンターと呼ばれるモダンな建築の収蔵庫が増築されており，収蔵展示として公開されている（**図13-4**）。8階建てのこの建物はチャールズ・ダーウィン（1809-82）にちなんで命名されており，巨大な公開標本収蔵庫と言える。

鉱物の展示室は19世紀末のオリジナルの建物内のかなり広大な面積の部屋に置かれている。歴史ある，他のヨーロッパの自然史博物館と同様に，木製のキャビネットに標本が陳列されており，部屋の端から見渡すと柱が並んでいる展示室一面に規格化した棚が整然と並んでいる様は圧巻である（**図13-5**）。イギリスの鉱物として標本が並べられている場所もあるが，基本的にはやはり鉱物の分類に従って並べられている。自然史博物館の1コーナーとして展示されている鉱物標本の量としては世界最大級と言える。

（3）フランス国立自然史博物館（フランス・パリ）

17世紀の「王立薬用植物園」を起源とすることと関係し，パリ植物園・動物園がある敷地内にいくつかの主要な博物館建物がある。本館に位置づけられるのが「大進化館」とも言うべき壮大な生物展示が行われている建物で，内部は1つの巨大空間になっている。1994年に建物外観はそのままに内部を新しくすることでオープンしており，多くの動物剥製標

左　図13-4　ロンドン自然史博物館のダーウィンセンター
下　図13-5　ロンドン自然史博物館の鉱物展示室

本が大ホールに同じ方向を向いて展示しているものが目玉の展示となっている（図 13 - 6 ）。世界各地のフランス植民地での遠征隊派遣などを通じて行われた収集の歴史がその展示物にも反映していると言える。

　鉱物標本は，大進化館のすぐそばの，やはり古い外観はそのまま使った建物に「鉱物学・地質学ギャラリー」として独立して展示されている。内部は，明るく新しくモダンな展示を作るというスタイルになっており，他のヨーロッパの歴史ある自然史博物館にあるような木製棚を使ったような展示方法ではない。明るい室内には，巨大な結晶を中心に，隕石の標本なども数多く展示されている（図 13 - 7 ）。しかし，ワンフロアであり，展示スペースは決して広くない。岩石・鉱物の収蔵標本が 50 万点を超えていて，世界有数であることを考えると，展示に出されている標本はかなり限った点数にしていると言える。フランスも鉱物学の研究の歴史は古く，鉱物学と結晶学の父と呼ばれているルネ＝ジュスト・ア

左上　図 13 - 6 　パリ国立自然史博物館の大進化館
左　図 13 - 7 　パリ国立自然史博物館の鉱物学・地質学ギャラリー
右上　図 13 - 8 　パリ国立自然史博物館の鉱物学・地質学ギャラリーで鉱物学の歴史を紹介する展示

ウイ（1743-1822）がいたことから，鉱物学を意識した展示コーナーがきちんと設けられていた（図13-8）。

（4）フェルスマン鉱物博物館（ロシア・モスクワ）

　欧米の主要都市でも，鉱物専門の博物館があることは非常に珍しい。モスクワにあるフェルスマン鉱物博物館は鉱物に特化した自然史博物館で，10万点以上の標本を有している（図13-9）。展示にも多くの標本が出されており，その歴史は18世紀初頭まで遡る。もともとサンクトペテルブルクにある，ロシア史上最初の博物館であるクンストカメラの鉱物部門がその起源となっている。1934年にサンクトペテルブルクからモスクワに移転され，当時の館長を務めたソビエトの地球化学者・鉱物学者であったアレクサンドル・フェルスマン（1883-1945）の名前を関した博物館になって現在に至っている。

　鉱物専門の博物館であることから，鉱物学・結晶学の説明や，鉱物のさまざまな側面を考慮した展示で館内は非常に充実している。ロシアの標本が中心ではあるが，世界中から集められた標本が木製のキャビネットに詳しい解説とともに展示されている（図13-10）。展示方法としては，昔ながらのオーソドックスなスタイルであり，実際の標本を見せることに徹している。

左　図13-9　モスクワのフェルスマン鉱物博物館

右　図13-10　フェルスマン鉱物博物館の展示ホール

（5）アメリカ自然史博物館（アメリカ・ニューヨーク）

　ニューヨーク市の中心部セントラルパーク脇に立地するアメリカ自然史博物館も世界最大規模の自然史博物館である。1869 年に設立した同博物館は恐竜の化石展示や，プラネタリウムが人気になっている。歴史のある建物を引き続き使用しているものの，世界でも有数の自然史博物館であり，研究者も数多く在籍する世界随一の自然科学の研究機関の一つである（**図 13 - 11**）。

　鉱物の展示は，「宝石と鉱物のホール」として 2021 年にリニューアルオープンして，数千もの標本が展示されている。また，ホールの名前には，長年に渡るミュージアムのサポーターであり，ボランティアであった，ミニョーネ（Mignone）夫妻の名前が冠せられている。最近の多くの自然史博物館は，生物やその多様性が館全体を通したキーワードになっている場合が多い。アメリカ自然史博物館も同様であるが，この新しい鉱物展示ホールでは，「鉱物は生命の鍵」というテーマが念頭に置かれている。鉱物とは，生物や生命から単にはずれた存在ではなく，根本的には鉱物なしには生命は存在しえなかったことが意識されている。つまり，鉱物を自然史の礎として位置づけており，生物と絡めた意識を持っているのである。

　とはいえ，展示はモダンなガラスケースの中にきらびやかに配置され

左　**図 13 - 11**　アメリカ自然史博物館の入口ホール

下　**図 13 - 12**　アメリカ自然史博物館の鉱物展示ホール

ており，ホールの名前に鉱物よりも宝石が先にきているように，宝石の展示は強く意識されており，広い面積が取られているのは以前の展示と変わっていない（図13‐12）。ただし，鉱物標本を学問的な側面で意識させる展示もきちんと充実して用意されており，たとえば，壁の一面は鉱物の化学組成による分類により，標本が秩序だって並べられている。

（6）スミソニアン国立自然史博物館（アメリカ・ワシントン D.C.）

　アメリカ合衆国の首都ワシントン D.C. にあるスミソニアン博物館群の一つであり，1億点を超えるコレクションを有する国立博物館である。ニューヨークのアメリカ自然史博物館と並んで，多くの自然科学の研究者を抱えており，世界的にみても自然史・文化史の研究者数は世界最大規模と言える。現在，自然史博物館が位置しているのは 1910 年に建てられた建物である（図13‐13）。

　2階に「ジャネット・アネンバーグ・フーカー地質学・宝石・鉱物展示ホール」があり，鉱物標本が多数展示されている。このホールでもっとも著名な展示物は，所有すると呪い殺されてしまうという伝説で有名なホープダイヤモンドで，そのほかに多くの高価な宝石が展示されており，それらは国立の宝石コレクションとなっている（図13‐14）。やはり，アメリカ自然史博物館と同様で，宝石と並んで鉱物が展示されてい

左　図13‐13　スミソニアン自然史博物館のエントランスホール
下　図13‐14　スミソニアン博物館の宝石展示ホールに飾られているホープ・ダイアモンド

るのが特徴である。このホールの名前になっている，ジャネット・アネンバーグ・フーカーは慈善家で，宝石の寄贈による貢献で，このホールに名前が冠せられている。そもそも，スミソニアン博物館の名前の元になったのも，イギリスの化学者・鉱物学者であったジェームズ・スミソン（1765-1829）に名前を由来するもので，スミソナイトという鉱物は彼にちなんで命名されたものである。

　宝石に注目が集まる展示であるが，きちんとした鉱物学的な側面の展示も随所に用意されており，このあたりは鉱物学者を複数名擁している国立博物館ならではと言えよう。

（7）ヒューストン自然科学博物館（アメリカ・ヒューストン）

　欧米の自然史博物館の鉱物コレクションの例として，最後にアメリカ南部のヒューストンにあるヒューストン自然科学博物館の例を紹介する。

図13-15　ヒューストン自然科学博物館の宝石・鉱物展示ホール入口

図13-16　ヒューストン自然科学博物館の鉱物展示ホール（写真上）に展示されている菱マンガン鉱（写真右）

アメリカ航空宇宙局（NASA）の研究所があることで有名であるが，もともとは石油産業などが基盤として発展した町である。人口は全米第4位を誇る。この博物館には全米最大の恐竜化石の展示ホールがあり，地球科学の展示が充実している。土地柄でもあり，石油会社が提供している，石油エネルギー産業を紹介する展示スペースも広く取られている。1909年に設立されているために，これまでに紹介した自然史博物館のなかでは比較的歴史は浅い。

　2階に鉱物展示を有する「カレン宝石・鉱物ホール」があり，世界でも指折りの優れた鉱物コレクションが展示されている（図13-15）。この展示ホールに名前が冠されているカレンは，リリー・カレン，ヒュー・カレン夫妻にちなんでおり，夫妻は20世紀前半にヒューストンのさまざまな文化施設のサポーターであり，多くの場所でその名を目にすることができる。

　鉱物標本の展示点数は450点ほどで，その総数は決して多くない。ただし，大型の標本が単独のガラスケースにそれぞれ納められ，ホールの照明は極限まで落とされており，展示標本にライティングが集中されているために，異質な空間ができあがっている（図13-16）。また，宝石の展示にも主眼が置かれており，展示ホールの名前に宝石が先に来ているのが他のアメリカの自然史博物館と同様である。宝石の展示室には，「レスター，スー・スミス宝石室」と別途の名前が付いているが，やはりサポーターの名前である。

　ヒューストン自然科学博物館では，標本の美しさを見せることに主眼が置かれており，あまり鉱物学的なことを説明するような展示に多くの場所は割かれていない。

4. 東京大学総合研究博物館での鉱物展示例

　次に，これまでに紹介した国立規模の巨大な自然史博物館とはやや異なるが，鉱物を取り上げたという観点で，筆者が企画した東京大学総合研究博物館での「東京大学・若林鉱物標本：日本の鉱物黄金時代の投影」について紹介する。2023（令和5）年3月～9月まで特別展示として行われた企画で，そのベースとなっているのは，同館に収蔵されている「若林標本」と名前が付けられている約2,000点の鉱物標本群であった。三菱合資会社の鉱山技師であった若林彌一郎（わかばやし や いちろう）（1874-1943）の名前を関した鉱物コレクションで，明治末～昭和初期に会社が所有していた金属鉱山の鉱石標本を中心として収集したものである。和田標本（三菱マテリアル），高標本（九州大学）と並ぶ，日本の三大鉱物標本の一つである。

　若林標本の価値ある点は，国内の鉱山で採られた鉱物標本が中心であるために，ほぼすべての金属鉱山が閉山となった現代の日本では，もはや採集することがほぼ不可能となっていることである。若林標本については，1974（昭和49）年にカタログが研究報告として当時の総合研究資料館から出版されているが，標本が採集されてから100年あまりが経過し，標本の劣化も危惧されるために，急ぎ全標本の画像データベースの作成に取りかかり，2022年にデータベースが完成したのを機会として企画したものである。

　これまでは全貌が未公開であった若林標本であるが，この展示ではおよそ半分近くの標本を公開することを試みた。ただし，展示スペースは，135㎡と限られているので，大掛かりな展示をすることはできない。そこで，本展示では，ヨーロッパスタイルを意識して木製標本棚を生かすことにした（**図13-17**）。もともと，1937（昭和12）年に東京大学に寄贈された標本であり，当時，収蔵に使われた木製棚はそのままの形で

使われているために，あえてこの木製棚を展示に出して，中に標本を配置した。ただ，これだけでは面白くないので，多くの標本を棚や引き出しから取り出し，床下にコンテナに入れた形で配して，その上にノンスリップガラスを乗せて，床下に鉱物が配置される異質な空間を作り上げた（図13-18）。もともと，鉱物は地下に産出していたものであるという意図がそこには存在している。

　また，続くコーナーでは，若林標本の中でも選りすぐりと言えるものを配して，さらに，脈々と受け継がれてきた東京大学での鉱物科学研究の証として，東京大学の研究者らによって国内各地から収集された若林標本以外の主要標本の展示も行った。このコーナーでは，極力，照明を落とす形として，意識したのはヒューストン自然科学博物館のような空間であった。このように，この展示企画では，欧米の鉱物展示で見られる特徴的な展示方法を狭い空間ながら，ハイブリッドに配した展示空間としてみた。

左　図13-17　東京大学総合研究博物館に収蔵されている若林鉱物標本
右　図13-18　東京大学総合研究博物館の特別展「東京大学・若林鉱物標本：日本の鉱物黄金時代の投影」で展示室に棚と標本を再配置した様子

5. 鉱物展示を通してみる自然史博物館における非生物展示

　以上のように，欧米の巨大自然史博物館を中心に，鉱物展示を通して，非生物標本の展示を概観してみた。紹介できた博物館数は多くないが，これらを見てみると，ヨーロッパとアメリカで大きく異なる 2 つの傾向を見てとることができる。

　たとえば，ヨーロッパの博物館では，その歴史的経緯から，かつての列強諸国においては，植民地を中心とする世界各国から標本が収集されており，それらがコレクションの一つの根幹をなしている点である。また，博物館自身も長い歴史を持っている場合が多く，昔のスタイルを保った木製の標本棚やキャビネットを配した展示が比較的普遍的に見られる。これは，ヨーロッパが鉱物学始まりの土地であり，鉱物を研究する学問に長い歴史を有していることが反映されていると言える。そのため，鉱物学の教育的な観点を意識した展示が比較的多くみられる。ただし，建物は古いスタイルを保っているものの，展示についてはモダンなガラスケースやビジュアルを生かしたような展示ももちろんあるが，展示する実際のモノが主役であり，しかもそれが歴史的な背景を背負っていることが展示に表れているのが特徴と言えるかもしれない。

　一方でアメリカの展示は，どちらかと言うとモダンな展示スタイルが多く採用されており，ビジュアルに訴える展示が多く見られる。しかし，鉱物展示においては，決して，標本が蔑ろにされるわけではなく，きちんと展示の主役となっていることには変わりはない。また，ヨーロッパの自然史博物館と大きく異なるのは，展示ホールに寄付者の名前が冠されていることがきわめて多い点である。これは文化の違いが反映されており，寄付が日常の普遍的な側面となっているアメリカの特徴と言えよう。また，展示に関しては，鉱物の展示は必ずと言ってよいほど宝石と

結びつけられることが多いのが，展示の特徴となっている。また，先に述べた寄付という観点においても，実際に宝石が寄贈されることが多いことも反映していると考えられる。

　このように鉱物の展示を通して，欧米の博物館の特徴を見てみると，その歴史的背景などの違いが表れているように感じる。本章では，国内の鉱物展示においては，東京大学総合研究博物館での特別展示を，これら欧米の展示をハイブリッド的に取り入れた展示手法として紹介したのみに限られるが，読者においては，国内の鉱物展示を上記の特徴を念頭に置いて観察してみると，その背景についての理解が深まるだろう。

参考文献

● Megaw P. K. M.（2022）The New Allison and Roberto Mignone Halls of Gems and Minerals at the American Museum of Natural History, New York City. Rocks & Minerals, 97, pp.114-129.

● Sadanaga R. and Bunno M.（1974）The Wakabayashi Mineral Collection, Bulletin, 7, The University Museum, The University of Tokyo, p.177.

14 | 自然史の展示２：生物

| 江田　真毅

《**本章の目標＆ポイント**》　自然史のなかで，とくに生物を扱う博物館や博物館相当・類似施設の展示に関して学ぶ。植物・動物の生体，および骨格・液浸・剥製・化石といった実物資料の性質にもとづく展示手法の多様性，実物資料を補う製作資料の必要性と重要性など，実例を見ながら考えていく。
《**キーワード**》　生体展示，動物福祉，骨格標本，液浸標本，化石，レプリカ

1. はじめに

　生物系の展示は動物園や植物園，水族館も含む自然史系博物館や総合博物館で展開される。博物館の展示には展示制作者からのメッセージがあり，展示物はそのメッセージを伝えるために配列されている。生物系の展示の場合，展示の配列要素は主に生物についての情報の伝達を目的とした「生物学的要素」と，主に生物と人間生活の関わりに着目した「社会学的要素」に分けられるだろう。実際の各館の展示では，これらの配列要素が複合的に組み合わせられている。生物に関わる展示は実物資料（一次資料）が主体をなす。実物資料は，生体と，その遺体を中心とした派生物である標本に分けられる。また展示においては実物資料の不足を補ったり，効果的に演出したり，実物資料についての補足情報を提示したりする製作資料（二次資料）も必要不可欠な存在である。両者の資料価値が相互に補完し合うことで，展示はより質の高いものとなる。本章では，自然史系博物館の展示の配列要素について紹介するとともに，生

物系の展示を構成する実物資料および製作資料の展示資料としての特徴について概説する。パネルや展示什器，照明などの演示具も生物の展示を構成する重要な要素であるものの，これらについては他章に譲るものとしたい。

2. 自然史系博物館の展示の配列要素

（1）生物学的要素

　生物学的要素は，自然分類に従って綱・目・科別に配列する「分類学的要素」と，時間的・空間的分布，生息地，行動などの面から配列する「生態学的要素」に分けられる。分類学的要素はサルの仲間，甲虫の仲間，あるいはバラの仲間といった系統的に近縁な種を集めて配列するものである。近縁な種であっても形態や大きさが異なる種も多く，来館者にその類似点や相違点の比較を促しやすい利点がある。たとえば新生代・第三紀のウマの化石と現代のウマの骨が並べて展示されることで，ウマの進化の様相を観察できる。動物や植物の生体展示では，飼育や管理がしやすいという利点も指摘されている。

　生態学的要素としては，現代の生物と中生代の生物といった時間的分布別，同じ現代でも日本に住む生物とアフリカに住む生物といった空間的分布別，あるいは同じ日本でも湿地に住む生物と森林に住む生物といった生息地別に配列するものである。それぞれの生物がどのように環境に適応して進化してきたか，その類似性や多様性を考えるきっかけを与える展示となりうる。たとえば，鳥取県立博物館では，夏季には表面温度が50℃を超える砂丘の環境に適応してきた鳥取砂丘の植物，昆虫，クモが一緒に展示されている。またコウモリやフクロウなどの夜行性の動物を集める，あるいは共生するイソギンチャクとクマノミを一緒に展示するなどの配列の例もある。

（2）社会学的要素

博物館の展示は，その展示内容を来館者が自分自身の課題としてとらえ，考える契機となることが望ましい。自然史系博物館の生物に関する展示でも，人間の活動が活発になることで生じた生物の絶滅や環境破壊，人間の活動の急激な変化による環境問題といった社会学的要素も盛り込まれることが多い。生物と人間生活の関連についての展示テーマとして，ヒトの進化の各段階と各地域における生物利用，地域的な文化の多様性と生物環境との関連およびその歴史的変化，ヒトの活動によって変化してきた生物の歴史，現在私たちの周辺であるいは地球規模で起こっている生物環境の破壊などが挙げられる。

たとえば大阪市立自然史博物館では，常設展示の第一展示室のテーマを「身近な自然」としている。大阪を舞台に，現在から過去にさかのぼる形で私たちの回りにある3つの段階の自然—人間が大きく作りかえた都市の自然，人間とさまざまな動植物の営みによってなりたっている田畑や里山の自然，人間の手がほとんど入っていない原生の自然—と，そこに生息する生物を紹介している。大阪湾などに木材や穀物に紛れて運ばれてくるサソリやクモなどの外来種，都市に多数生息するクマネズミやクロゴキブリなどの帰化生物，現在里地に生息するものの環境の変化から絶滅の恐れがあるミズタカモジやヒキノカサなどの絶滅危惧種，弥生時代の遺跡から骨が出土するものの現在の大阪にはいないツキノワグマやニホンオオカミなどの絶滅種を提示し，ヒトの生活と関連した生物の変化について考えられるような展示構成となっている。

3. 実物資料

（1）生 体

生体は主に動物園，植物園，水族館で展示される。また狭義の自然史

系博物館や総合博物館でも企画展や短期的なイベントで動植物の生体が展示される場合がある。なお，現在，動物園や植物園，水族館に定義（要件）はない。かつては博物館法の下部規範に「公立博物館の設置及び運営に関する基準」があった。そこでは動物園は「自然系博物館のうち，生きた動物を扱う博物館で，その飼育する動物が 65 種以上のもの」，植物園は「自然系博物館のうち，生きた植物を扱う博物館で，その栽培する植物が 1,500 種以上のもの」，水族館は「自然系博物館のうち，生きた水族を扱う博物館で，その飼育する水族が 150 種以上のもの」と規定されていた。しかし，同法にもとづく登録は義務ではなく，かつこの基準を満たさなければ「動物園」や「植物園」，「水族館」と呼称してはならないという規定もなかったため，同基準は当初から有名無実化していた。この基準は 2011（平成 23）年に「博物館の設置及び運営上の望ましい基準」に改正されたが，同基準では「動物園」や「植物園」，「水族館」の定義は規定されていない。

a．動　物

　博物館の展示，とくに動物の生体展示でもっとも重要なのは観覧者の安全の確保である。そのため可能な展示方法は動物のサイズや性質に依存する。大型あるいは危険な動物の展示では，人と動物を隔てる仕組みが必要となる。人に危害を加える恐れが少ない小動物では，人が飼育室に入り展示されている動物に触れることも可能である。各地の動物園で見られる「ふれあい動物園」や「こども動物園」といった展示の形態である。また魚類を中心とする水の中の動物，水族であれば，水槽での展示が前提となる。

　生体展示では，動物が健康な状態で展示されていることも求められる。そのため展示環境が動物にとって安全であり，良好な動物福祉（アニマルウェルフェア）が確保されている必要がある。動物福祉とは，個々の

動物に特有の状態であり，活力，愛情，安全，興奮などのその種にとっ
て心地よい経験，または痛み，空腹，恐怖，退屈，孤独，欲求不満など
の不快な経験との関わりを通じて，その動物が自分の世界と生活をどの
ように感じるかをさす（2020 年 10 月 8 日 世界動物園水族館協会評議会
で承認）。とくに哺乳類や鳥類は，単調な環境下で飼育されると本来の習
性を発揮する場所がないため，同じ場所を行ったり来たりする常同行動
や毛や羽を抜くなどの自傷行動でストレスを発散することがある。この
症状の改善法の 1 つとして，動物の行動に選択を与えるために飼育環境
を豊かにする環境豊富化（環境エンリッチメント，あるいはエンリッチ
メント）が推奨されている（**図 14 - 1**）。

　近年では，単に珍しい動物を提示することに主眼を置いた「形態展示」
ではなく，動物がその生息環境にいる様子を表現する「生態展示」や，
その動物本来の自然な行動を引き出そうとする「行動展示」といった考
え方で展示が設計されることも多い。「行動展示」のための設計は環境
豊富化とも親和性が高い。また，空堀や水堀，強化ガラス，アクリルパ
ネル，電気柵などを併用することで，より近くで，あるいはより自然に
近い状態で動物を見せる工夫がなされるようになってきている。水族の
展示では，ドーナツ状で魚の遊泳を妨げにくい回遊水槽や，来館者が水
槽の中を通り抜けできるトンネル水槽，造波装置があって波や水流を作

写真：筆者撮影（以下同）

図 14 - 1　札幌市円山動物園のゾウの飼育施設

り出せる水槽なども利用されている。

b. 植 物

　植物の生体は土地に植え込まれた形で展示されるものが多い。大型の木本植物などでは，容易に移動できない点が特徴であり，資料が育って展示品としての価値を持つまでに場合によっては数十年の年月が必要である。さらに，植物は生長するだけでなく，花を咲かせ，果実を実らせ，葉を落とし，枯れていくというように季節的な変動が大きい。このため，植物の生体展示ではさまざまな季節の様相や，数年から数十年後の様相を想定した展示計画が求められる。

　植物の展示の仕方にもさまざまな方法がある。自生種や園芸・栽培品種を見せることを主な目的とした見本園展示では，針葉樹など特定の分類群の植物や，薬用や食用などの有用植物，あるいは地域の植物などを収集した展示がなされる。単純でわかりやすいという利点があるものの，景観としての美しさに欠けるという指摘もある。一方，花壇は植物の種類を見せるより，草花の美しさ，とくにその組み合わせの美しさをみせるための展示と位置づけることができる。また，温度や湿度を管理することで，温室では熱帯植物，冷室では寒帯や高山性の植物といったその地域の屋外での栽培に適さない植物の展示も可能である。生体展示される植物は人為的に植えられたものばかりではない。自然植生をそのまま残し，人工的なものを加えないことを前提とした生態園や自然植物園は，生息地内生態系保護という観点からも重要性が指摘されている。

（2）標 本

　動植物は死後，腐敗し，劣化する。生物のもともとの形や色などの状態を保ち，博物館で実物資料として展示するためには適切な保存処理が必要である。動物，植物，菌類など生物による特性が異なるため，さま

ざまな保存処理方法が考案され，標本が作成されている。

a．乾燥標本

　腐敗や劣化を防ぐために乾燥させた標本。昆虫や植物，海藻，菌類の一般的な標本化の方法である。多くの昆虫では形状や色を比較的維持できるため，展示資料として頻繁に用いられる。収蔵時と同様，ラベルとともに昆虫針で刺して専用の木製の箱に収納し，ガラスケースの中で展示するのが一般的である。昆虫針で刺した標本の裏面を見せるために背面に鏡を置いたり，もともと小さい標本では拡大写真や拡大模型を隣に置いたりといった工夫がなされることもある。植物や海藻の乾燥標本は平面化してしまい，もともとの色や形が損なわれてしまう欠点がある。そのため，標本には細部やラベルを見せやすいという利点はあるものの，展示資料として利用しにくい面がある。また植物や海藻はもちろん，昆虫でも展示室に常設展示資料として長期間配置することで光による退色や虫害を受ける恐れがある。このため，タイプ標本や希少種などの貴重な標本は，企画展示など短期間に限ってのみ公開される場合が多い。乾燥標本に添付される防虫剤は，来館者の健康上のリスクに配慮したものとすることが求められる。真空凍結乾燥機を用いて急速に乾燥させることで，昆虫や植物，菌類だけでなく，小型の哺乳類や鳥類，爬虫類，軟体動物の乾燥標本（フリーズドライ標本）を作成することも可能である（**図 14 - 2**）。フリーズドライ標本は対象が小さな動物に限られるものの，剥製標本に比べて簡便かつ安価に展示に適した姿勢の標本を作成できるという利点がある。

b．剥製標本

　動物の皮をはがし脱脂と防腐処理を施した標本。哺乳類や鳥類，爬虫類で多用されるが，両生類や魚類でも作成される（**図 14 - 3**）。主に展示に用いられるのは，筋肉や骨，内臓などの内容物の代わりに充填剤を

詰め，眼窩にガラス製や樹脂製の義眼をはめ込み，生存時の外観形態を復元した本剥製である。必要最低限の充填剤を詰め，皮の切断面を縫い合わせた研究用の剥製は仮剥製と呼ばれる。本剥製は，地域の生態系を復元したジオラマの中や背景画の前に配置され，生物同士または生物と環境の相互関係を示す生態展示に用いられることも多い。また体毛や羽毛の感触をより直接的に理解してもらうためにハンズオン展示などにも

左上　図14-2　ヤマゲラの頭部およびキレンジャクのフリーズドライ標本（北海道大学総合博物館蔵）
右上　図14-3　リュウグウノツカイの剥製（鳥取県立博物館蔵）
左中　図14-4　オオサンショウウオの液浸標本（鳥取県立博物館蔵）
右中　図14-5　エゾシカの骨格標本（北海道大学総合博物館蔵）
左　図14-6　アンモナイトの化石（三笠市立博物館蔵）

利用される。乾燥標本と同様, 常設展示物として長期間配置される場合,
退色や虫害の影響を受ける恐れがある。

c. 液浸標本

　アルコールやホルマリンに浸けて固定保存された標本。魚類や両生類,
菌類の標本化によく用いられる（**図 14 - 4**）。あらゆる生化学反応が停
止するため形状は維持される一方, 色は白く抜けてしまうことも多い。
生物体全体を標本化するほか, 心臓や肝臓, 脳などの内臓を標本化して
展示することもできる。展示資料としてみた場合, アルコールやホルマ
リンは数年〜10 年程度で交換が必要となる点に注意が必要である。アル
コールでは蒸発の, ホルマリンでは蒸発と変色（黄変）の進行状況に応
じた交換頻度の検討が求められる。魚類を縦長のガラス瓶で展示すると,
いかにも死んだ魚が詰められているようで魅力的な展示となりにくい。
北海道大学総合博物館・水産科学館では, 壁一面に薄いガラスケースが
配置され, 世界中の魚類の液浸標本が展示されていた。水族館と同様に
さまざまな魚を側面から見せることで, 種による色や形の違いがうまく
提示されていた。

d. 骨格標本

　動物の遺体を解剖して骨を取り出した標本。哺乳類や鳥類, 爬虫類,
魚類で主に作成される（**図 14 - 5**）。ボルトやワイヤーを利用して組み
上げた骨格標本はとくに交連骨格標本と呼ばれることもある。中型〜大
型動物の交連骨格標本は非常に重く, 展示室内での移動も容易ではない。
また非常に高価でもある。このため展示の際には入念な配置計画を立て
ることが不可欠である。哺乳類や鳥類では, 食物によって形態が異なる
頭骨などが単独で展示されることも多い。骨格標本は生体では確認しに
くい身体構造の理解や他種との比較のために, 動物園の展示でも利用さ
れることが多い。小型の哺乳類や魚類, 両生類では, 透明骨格標本が作

成されることもある。一般的な透明骨格標本は，ホルマリンなどで固定した標本の骨を赤く，軟骨を青く染め，軟組織を透明化したものである。染色された骨格を生存時の立体配置で提示できる利点がある。

e．プラスティネーション標本

生物に含まれる水分と脂肪を合成樹脂に置き換えた標本。顕微鏡レベルでも細胞組織の構成のほとんどが維持されており，さらに腐敗したり悪臭を発生させたりすることもない。素手で触ることができるため，ハンズオン展示にも有効である。植物，菌類，昆虫，軟体動物，脊椎動物などの生物に幅広く適用が可能であり，個体全体のほか，筋肉や内臓，あるいは解剖中の一場面を標本化して展示に利用することもできる。中国では，全長 14.9 m のマッコウクジラをプラスティネーション標本（Dalian Hoffen Bio-Technique Co. Ltd. が制作）とした例もある（**巻頭口絵⑨**）。

f．化　石

地層中に残された地質時代の生物の遺骸（体化石）とその活動の痕跡（生痕化石）がある。体化石として鉱物に置換される（化石化する）のは主に動物の骨や貝殻，歯などの硬組織であるものの，植物の葉や幹，動物の皮膚や羽毛の型が化石化することもある。恐竜などの化石を海外から借用する場合は有料なことも多く，また輸送費や設営費はかなり高額になる。一部の国では化石の国外への持ち出しが禁止されていることや大型の化石は非常に重く移動が困難であることから，展示の際には事前に十分な配置計画が求められる。貴重な化石はガラスケース内で展示されることが多い一方，多数のアンモナイトが触れる状態で提示されている三笠市立博物館のように，露出展示をとる博物館もある（**図 14-6**）。

（3）実物資料と法律・条約

　動植物の実物資料の展示計画の立案・実施にあたっては，いくつかの関連する法令や規則などがある。これらと無関係に展示は成り立たない。動植物の実物資料の捕獲・採取にあたっては，「絶滅のおそれのある野生動植物の種の保存に関する法律」（いわゆる「種の保存法」）や「鳥獣の保護及び管理並びに狩猟の適正化に関する法律」（「鳥獣保護法」），「水産資源保護法」などに留意する必要がある。また生体・標本の国内移動にあたっても「種の保存法」に注意が必要である。同法では国内希少野生動植物種・緊急指定種の捕獲等，および希少野生動植物種の譲渡し等が禁止されており，学術研究や繁殖目的の場合には環境大臣の許可が必要となっている。博物館法上の登録博物館と博物館相当施設における繁殖や展示については，譲渡し等の禁止の適用が除外されており，譲渡し等の場合には届出の提出のみが求められる。また実物資料の輸出入にあたっては「絶滅のおそれのある野生動植物の種の国際取引に関する条約」（「ワシントン条約」・「CITES（サイテス）」）に留意する必要がある。同条約の附属書ⅠおよびⅡに掲載されている動植物は商業目的のための

Column：希少種の展示
港区立郷土歴史館特別展「"Life with ネコ"展」の事例

　歴史系や美術系の博物館でも企画展で動植物の希少種の展示が検討される場合が想定される。「"Life with ネコ"展」では，当初トラの頭骨と手足の骨の展示が検討された。しかし，トラは「種の保存法」上の希少野生動物種であり，個体のほか骨と歯が保護の対象となっている。港区立郷土歴史館は博物館類似施設であるため，トラの骨や歯を展示のために借用するにあたっては事前に環境省との協議が必要となる。これに対して，同じネコ科の希少野生動物種であるヒョウやライオンでは，歯は保護の対象ながら骨は対象となっていない。このため，書類の手続きを要さないネコの全身とヒョウの手足の骨格標本，そして「トラの右手の骨のレプリカ」（**右図**）を展示することとした。登録博物館や博物館相当施設と博物館類似施設では必要な書類や手続きが異なること，類似した種でも手続きが必要な種と必要のない種がいること，そして同一種でも借用に手続きが必要な部位と必要のない部位があることに注意が必要である。

北海道大学総合博物館蔵

国際取引が全面的に禁止されている。一方，博物館や動物園，大学など
での展示，研究，繁殖など，学術研究目的での取引は可能とされており，
その際には経済産業省への申請が必要である。この手続きにはかなりの
日数と労力を要するため，計画的な準備が不可欠である。動植物の生体
の展示・飼育にあたっては「動物の愛護及び管理に関する法律」（「動物
愛護管理法」）や「家畜伝染病予防法」，「植物防疫法」，「狂犬病予防法」，
「鳥獣の保護及び管理並びに狩猟の適正化に関する法律」などにも留意
する必要がある。

4. 製作資料

（1）二次元資料

a．写真

　生物のもっとも見せたい瞬間をとらえた展示資料である。ほぼすべて
の自然史系博物館で利用されている。美しく咲いた花，あるいは羽ばた
いている鳥類の提示が可能。拡大写真は細部の構造の詳細な観察を助け
る一方，引き撮影の写真ではその生物が生息する周囲の環境も写しこむ
ことができる。また肉眼ではとらえられない速い動きの一瞬を切り取っ
て提示したり，X線画像やCT画像，赤外線画像など肉眼ではみられな
い様相を提示したりすることも可能である。

b．絵画・イラスト

　見せたい生物あるいはその生物が生息する景観を描いた製作資料。写
真に比べて細部の正確性では劣るものの，見せたいものをより強調して
描く，複数の生物を隣り合わせて描く，遠近感を強調して描くなどの調
整が可能。現在だけでなく，過去の生物や過去の景観を復元して描くこ
ともできる。とくに絶滅した古生物の展示では，さまざまな証拠を積み
重ねて描かれたその生物が生きていた当時の様相を示すイラストがある

ことで，展示の理解が各段に高まると期待される（**図14-7**）。一方，羽毛や皮膚の化石に色素の痕跡が残っていて，色彩が科学的に再現可能な例は少ない。皮膚や体毛の色，とくに魚類や鳥類，昆虫のように多様な色彩を持つ分類群の体色は想像による部分が多い点には注意が必要である。

c．映　像

　動きの表現力に優れており，動作や変化などの提示に効果的な展示資料。四季による植物の生長・変化や，昆虫の羽化の様子などを記録した一次映像と，実物資料などの解説のために作製された二次映像に分けられる。カットをつなぐことで時間と空間を自由に移動できるため，短時間に多くの情報を提示できる。一方，一定時間画面の前に滞在させる必要があり，断片的な視聴では内容が理解できない，誤解を生む可能性があるといった欠点も指摘されている。

（2）三次元資料

a．レプリカ

　もともとは実物標本から型取り成形された原寸大の複製品のこと。近年では主に合成樹脂で作成されており，型取り成形しない模造や模写，

図14-7　マチカネワニとその生息環境の復元画（大阪大学総合学術博物館蔵）

欠損部を補った復元資料も総称してレプリカと呼ぶことがある。熱，光，湿度などの影響を受けにくいため，長期間常設展示に配置することができる。その間，実物資料は収蔵庫の理想的な環境下で保存できることになる。また館蔵しない実物資料の代替品とできることも展示資料としての利点といえる。化石ではレプリカが頻繁に作成され，展示されている。また実物資料に比べて軽量で扱いやすいため，大型動物の頭骨や骨標本でも展示用のレプリカが作成されることがある。レプリカの展示にあたって，そのキャプションに当該資料が実物かレプリカかを記すかどうかは博物館によって異なる。古生物の企画展では，最初の例言などで「展示資料はとくに明記されない限りレプリカ」という文言が見られる場合もある。ハンズオン展示に利用するレプリカでは，重量や質感も実物資料に合わせたものが作成されている。近年，立体物スキャナやフォトグラメトリーによる非接触型の計測や，3Dプリンターを活用したレプリカ製作も可能となってきている。

ｂ．模　型

　目的にあわせて縮尺や再現方法を調整した製作資料。縮小模型はミニチュアとも呼ぶ。生物系の展示資料では樹木や森林などではミニチュアが作成されることが多い一方，微生物や微少器官，小さな昆虫や節足動

図14-8　イソコモリグモの実物資料と10倍拡大模型（鳥取県立博物館蔵）

物では拡大模型が作成されることが多い（**図14-8**）。実物資料の隣に
配置されることで，その形態の特徴などの理解に役立てられる。目的に
よっては比率の変更や形の変形が加えられ，森林などの地形模型では，
自然な立体感覚を得るために縦方向は1.5～2倍程度強調して製作され
ていることが多い。

c．復元資料

　ここでは，失われた事物をさまざまな証拠にもとづいて科学的に再現
した三次元の製作資料をさす。地質時代の動物では全身すべての骨が化
石として発掘されることはきわめて稀であり，多くの全身骨格標本では
欠損部分が補われて組み上げられている。また，骨格から筋肉の付き方
を推定して，皮膚をかぶせ生きた状態を再現した動物もよく展示される
復元資料である。絵画・イラストの項でも説明したように，古生物では
皮膚や体毛の色は想像によるところが大きい。

d．ジオラマ

　遠近法を利用した絵画的手法と造形的手法などを組み合わせて，ある
特定の場面を再現する展示物。通常，複数の資料で構成されており，と
くに剥製と組み合わせた生態展示の手法として自然史系博物館で多用さ
れる。また推定される当時の植生の中に古生物の生体復元資料を配置す

図14-9　地球の歴史と生物の進化のジオラマ（鳥取県立博物館蔵）

ることで，その生物が生きていたころの様相を復元することも可能である。光や植生の状態，潮の満ち引きなど，特定の季節や時間を再現しており，全体像がわかりやすく，来館者に時間や空間が異なる未知の世界に入り込んだような感覚をもたらす効果が期待できる。一方，1つのジオラマから他の季節や時間の状況を読み取ることができないという欠点がある。しかし，他の季節の場面を再現したジオラマや，異なった時代のジオラマを並べて展示することで，季節や時代による変化を表現することも可能である（**図14 - 9**）。来館者の観察場所とジオラマの関係から，ボックス内を外側の一方向から観察できる「ボックス型」，外部の多方向から寄りついて観察できる「オープン型」，内部に設定されたいくつかの地点・角度から観察できる「ドーム型」，内部に直接入って移動しながら観察できる「ウォークスルー型」に分類される。大掛かりなものであることから非常に制作コストがかかることが多く，とくに「ドーム型」や「ウォークスルー型」の場合には，建築設計の段階からジオラマ専用空間の配置やストーリー上の位置づけを入念に計画する必要がある。

参考文献

- 加藤有次・鷹野光行・西源二郎・山田英徳・米田耕司編『博物館展示法 』（雄山閣，2000 年）
- 日本展示学会編『展示論：博物館の展示をつくる』（雄山閣，2010 年）
- 日本展示学会編『展示学事典』（丸善出版，2019 年）
- 日本動物園水族館協会『新・飼育ハンドブック　改訂版　水族館編4　展示・教育・研究・広報』（日本動物園水族館協会，2020 年）
- 日本動物園水族館協会『新・飼育ハンドブック　改訂版　動物園編4　展示・教育・研究・広報』（日本動物園水族館協会，2020 年）
- 日本動物園水族館協会『新・飼育ハンドブック　改訂版　動物園編5　危機管理・感染対策・トレーニング・環境エンリッチメント』（日本動物園水族館協会，2020 年）

15 | 自然災害と展示

三河内　岳

《**本章の目標＆ポイント**》　地震などの自然災害は，地球のダイナミックな地質活動の結果とも言えるが，その伝承は重要な社会的要請であり，知を蓄積・伝達する博物館にもその役割は期待される。自然災害の起こるメカニズムを地球のダイナミズムと合わせてとらえ，さらにそれが，地域の展示物と関連づけられることで，グローバルな視点を持つことが容易になる可能性がある。この章では，福島県楢葉町と東京大学総合研究博物館の連携ミュージアムを例に，原発事故の原因となった巨大地震と地域の歴史がどのように有機的に関連しているか，そして，自然災害による危機を乗り越えて再生にどのように意識を切り替えられるかを，設立背景や展示物を通して学んでいく。
《**キーワード**》　震災，自然災害，原子力災害，地質活動，災害伝承

1. はじめに

　およそ45.6億年前に太陽系の他の星々と共に誕生して以来，地球は絶え間なく地質活動を続けている。たとえば，火山が噴火したり，地震が起こったりするのはその身近な例であり，とくに私たちが暮らす日本は，このような地球のダイナミズムをことさら強く感じる国土と言えるだろう。地球の大地の営みはミュージアムの存在とも結びつくことが多い。たとえば，火山は風光明媚な景観を作るので，そこには単なるビジターセンター的な施設だけではなく，ミュージアムが立地していることも多い。しかし，このような地球のダイナミズムは，別の側面では自然災害も引き起こし，そこに暮らす私たちに大きなダメージを与えるのも事実

である。

　近年のわが国の自然災害でもっとも甚大な被害をもたらしたのは，2011（平成 23）年東北地方太平洋沖地震だ。国内での観測史上最大規模であるマグニチュード M9.0 を記録したこの大地震は，巨大津波を引き起こし，東日本大震災と呼ばれる災害をもたらしたことは記憶にまだ新しいだろう。東北地方をはじめとする太平洋沿岸を飲み込んだ津波により，福島県大熊町・双葉町に立地している東京電力福島第一原子力発電所が被災し，チェルノブイリ原発事故と同等とされる人類史上最悪の放射能事故が発生した。現在も福島県浜通り地域には放射能汚染による帰還困難区域が存在しており，地域の避難解除は徐々に進んでいるが，多くの元住人・現住人がその影響を受けている（**図 15-1**）。

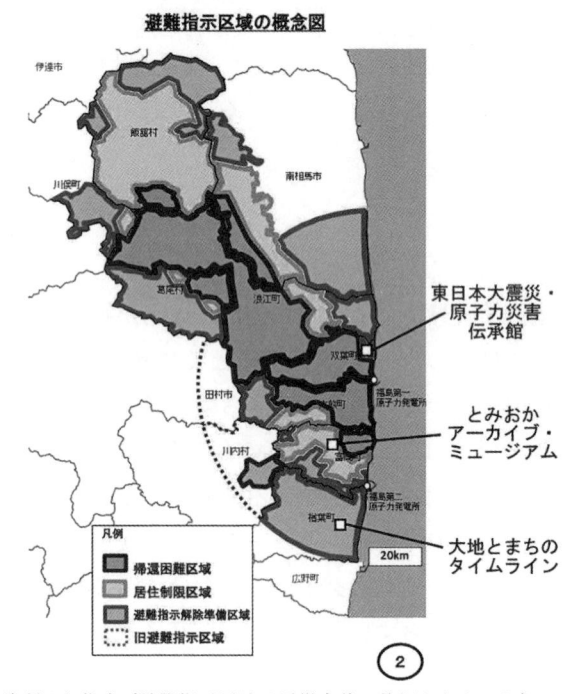

出典：復興庁資料より作成（避難指示区域は震災直後の状況がわかるように 2014（平成 26）年10月時点のものを掲載）。なお，以下掲載写真は図 15-5 を除きすべて筆者撮影。

図 15-1　福島第一原発と周辺自治体，ミュージアム施設の位置

　では，このような自然災害はミュージアムとどのように結びつけられるだろうか？　本章では，福島第一原発から南側 20km 圏内に位置する福島県楢葉町の「楢葉町×東京大学総合研究博物館連携ミュージアム　大地とまちのタイムライン」を実例として取り上げ，自然災害をきっかけとしたミュージアムの展示について考える。まずは，2023（令和 5）年 4 月にオープンしたこのミュージアムの設立の経緯を踏まえながら，なぜ，楢葉町にこのようなミュージアムができることになったのか，その背景と企画立案について述べる。さらに実際の展示物を通して，自然の中に暮らすわれわれ人類とその土地ならではの自然・歴史との関わりを意識したこのミュージアムの役割を考えることとする。

　このミュージアムでは，太陽系における地球の誕生を起点とする長大な歴史から始まり，現在に至るまでの生物進化の長い歴史をたどりながら，町の歴史に繋がるストーリーをいかに展示物と折り合わせていくかの議論が準備段階であった。とくに，地球の活動は自然災害をもたらすものの，それだけではないという観点で，「プレートテクトニクス」に注目している。実は，地球科学におけるプレートテクトニクスの発見は，福島と密接に関わっていたという事実を起点に，地震やそれに伴う津波などの自然災害を引き起こすという負の側面と，同時に，豊かな鉱産資源を人類にもたらしてくれるという正の側面の二面性を持っていることを，東京大学総合研究博物館の標本を紹介することからミュージアムの展示は始まる。その後，このストーリーを町の自然・歴史遺産といかに繋げて展示を作るかに主眼が置かれ，その過程で，「危機と再生」，そして「未来創造」がキーワードとしてミュージアムの根底に据えられることとなった。

2. 福島県楢葉町と周辺ミュージアム施設

　福島県楢葉町は，2011 年 3 月 11 日の 2011 年東北地方太平洋沖地震と，それに伴う原発事故により，当初は約 8,000 人の全住民が避難した。その後，自治体としては初めて全町域で避難指示が解除された。2015（平成 27）年 9 月のことである。現在に至るまでに除染が進み，徐々に原発を取り巻く周辺自治体の避難区域は減ってきており，避難解除がされた地区では，地域住民が元の土地に戻ってきている。楢葉町を含めた福島県太平洋側の中南部地域（双葉町〜大熊町〜富岡町〜楢葉町）でミュージアムとして大きなテーマとなっているのが，やはり東日本大震災である。もともと，多くのミュージアムが存在していた土地ではないが，自然災害と，その結果として起こった原発事故を大きな視点として，震災から 10 年を経過した前後からいくつかの施設が新しく設立されてきている（**図 15 - 1**）。

　たとえば，福島第一原発が立地している双葉町には「東日本大震災・原子力災害伝承館」が 2020（令和 2）年にオープンした（**図 15 - 2**）。この施設は，展示や語り部，研修，調査・研究を通じて，未曽有の複合災害について福島で何が起き，どう向き合ってきたかを伝え，防災・減災に向けた教訓を国内外や未来へつないでいくことを目的としている。実際に，この館が作られた場所は，海岸から 1 km も離れていない福島第一原発の直近であり，かつては街並みが広がっていたが，津波の浸水地域となった土地であった。双葉町は，町のかなりの部分がいまだに帰還困難区域に指定されているが，除染を進めた結果，この区域の解除が実施され，2022（令和 4）年には住民の帰還が可能となった場所に先行して建てられたものである。

　また，双葉町よりも南に位置する富岡町には，「とみおかアーカイブ・

ミュージアム」が 2021（令和 3 ）年にオープンした。富岡町も 2023（令和 5 ）年時点でも町の一部は帰還困難区域に指定されている。このミュージアムでは，震災を記録するさまざまな地域資料を保管，展示しており，「アーカイブ」がキーワードになっている。とくに，津波に巻き込まれて亡くなった 2 人の警察官が乗っていたパトカーの展示はリアルであり，震災遺構となった場所を疑似体験できる 3D 映像設備などもある（**図 15 - 3** ）。2 階のアーカイブ施設では，収蔵資料が管理，保管，修復

左上　図 15 - 2　「東日本大震災・原子力災害伝承館」（福島県双葉町）
右上　図 15 - 3　「とみおかアーカイブ・ミュージアム」（福島県富岡町）
左下　図 15 - 4　「楢葉町×東京大学総合研究博物館連携ミュージアム　大地とまちのタイムライン」（福島県楢葉町）
右下　図 15 - 5　2011 年東北地方太平洋沖地震により破損した楢葉町歴史資料館の展示物（提供：福島県楢葉町）

されている様子を見学者がガラス越しに見ることができるようになっている。

そして，楢葉町には2023（令和5）年4月に楢葉町と東京大学総合研究博物館との連携ミュージアムである「大地とまちのタイムライン」がオープンした（**図15‐4**）。このミュージアムは，楢葉町のコミュニティーセンターの中にあり，そこにはもともと，楢葉町歴史資料館があった。楢葉町には，弥生時代中期後半（約2,000年前）の集団墓としては東日本最大級である天神原遺跡があり，ここから出土した土器棺などが一括して国指定の重要文化財になっている。これらの出土品を中心に郷土資料を合わせて展示していたのが歴史資料館であった。しかし，原発事故により，全町民が避難する事態となり，また最大震度6強を記録したことにより，資料館自身も展示品の損傷などのダメージを負い，休館したままとなっていた（**図15‐5**）。町としては，この歴史資料館をいかにリニューアルするかというのが課題であった。

3. 楢葉町歴史資料館と東京大学総合研究博物館の連携

（1）連携のきっかけ

われわれが見るミュージアムには，一般に公立や私立などの運営形態が存在する。さらには，これらの両方が関わる官民一体の形態も時には存在するであろう。楢葉町の場合は，公学一体としてミュージアムができるに至ったが，ほかにはあまり例がないかもしれない。地方自治体と国立大学法人との連携である。このような形でミュージアムができたのには，もちろん理由がある。

近年，東京大学ではアイソトープ総合センターを中心に福島県浜通りで震災復興のためのさまざまな事業を展開しており，総合研究博物館もこれに加わっている。この事業は国家プロジェクトである福島イノベー

ション・コースト構想に伴うもので，「大学等の「復興知」を活用した福島イノベーション・コースト構想促進事業」（以降，復興知事業）に学内の複数組織が協力している。東京大学総合研究博物館では，岩手県大槌町で「大槌文化ハウス」と呼ばれる文化支援事業を実施することで，震災復興に取り組んできた経緯があるが，2019（平成 31 ／令和元）年からは福島県楢葉町との連携事業が始まった。きっかけとなったのは，この復興知事業をけん引している東京大学アイソトープ総合センターの存在である。同センターは，楢葉町内にサテライトを持っており，町内で多くのイベントを展開していた。町では歴史資料館が長く閉館していることが問題となっていたが，総合研究博物館とのコラボレーションで新しい展開ができないかという考えから，アイソトープ総合センターから総合研究博物館に声がかかったものである。

　大都市に存在する多くのミュージアム施設がそうであるが，総合研究博物館も，東京都心の限られたスペースでは収蔵資料がオーバーフロー気味となっていた。しかし，楢葉町と連携することで，町内に収蔵施設を準備してもらえることになり，館内の収蔵環境の改善が見込まれたのである。近年，総合研究博物館では，限られたスペースでの収蔵には限界があることから，本館以外に複数の異なる収蔵スペースを用意し，分散収蔵を実施するようになっていることも背景にあった。また，町としても，東京大学総合研究博物館と連携することで，歴史資料館の後継施設となる新しいミュージアムを立ち上げることが可能になるのであった。つまり，両者にメリットがあることがわかったのである。

　　　　　　　　　　　　　総合研究博物館からは，館内でもとくに収蔵量の多かった地学系試料の移設を行うこととなり，収蔵施設として楢葉町役場に隣接す

図 15 − 6　「福島県楢葉町歴史資料館分館」（東京大学総合研究博物館地学系試料収蔵庫）

る商工会館だった建物（2階建て，床面積約400㎡）を占有して使用させてもらえることになった（**図15-6**）。それに伴い，建物の名称は，商工会館から「歴史資料館分館」に改称された。歴史資料館分館のある町役場施設一帯は，常磐自動車道のインターから車で5分ほどであり，都心から車で3時間ほどでアクセス可能である。また，常磐線の竜田駅からも1㎞強の距離であり，公共交通機関を利用しても利便性のよい場所に立地している。楢葉町と総合研究博物館の間で，収蔵施設と展示事業（仮称「モバイルミュージアム in NARAHA」）についての協定書を2020（令和2）年に締結し，収蔵施設，展示施設ともに15年間にわたり，設置されることが合意された。

（2）どのような標本を収蔵，展示するのか？

　総合研究博物館から楢葉町への移設標本は，ある程度まとまったコレクションであることが考慮された。たとえば，岐阜県神岡鉱山で資源探査のために採掘された600mボーリングコア標本はまとめて収蔵庫の1階ホールに収蔵した。また，工学部システム創成学科（旧鉱山学科）から移管されていた鉱石標本群もまとめて移設した。これらは，明治時代の工科大学からの標本を含んでおり，国内外の主要な鉱山の鉱石を中心とした標本群であり，歴史的，学術的価値の非常に高いものである。古生物標本としては，日本各地の地層の研究に用いられた岩石，ボーリング標本，過去の学内の研究者が研究に用いた歴史的標本の一部を移動した。福島県は，鉱物・古生物の分野ともに著名な産地を有する土地であ

図15-7　「東京大学総合研究博物館収蔵庫」（福島県楢葉町）に収蔵された阿武隈山地の変成岩標本
注：都城秋穂により1947〜55年にかけて採集されたもの

るが，移設標本の中には，学問的に福島県に縁のあるものをとくに選ん
だ。これらは，楢葉町との連携ミュージアムでの展示を考慮してのこと
でもあった。たとえば，移設標本には，世界的に著名な変成岩岩石学者
であった都城秋穂（1920-2008）が採集した阿武隈変成帯の変成岩標本を
選んだ（**図 15 - 7**）。これらの標本は，1940〜50 年代に都城が精力的に
フィールドワーク，研究を行ったもので，これにより「Abukuma」は
世界的に著名な変成岩のフィールドとなった。古い標本では 70 年以上
ぶりに，福島の地に里帰りしたこととなる。

　これらの東京大学総合研究博物館の地学系標本，そして楢葉町の歴史
資料を合わせたミュージアムの設立が公学一体として議論されていくこ
とになったが，ここからは，実際の連携ミュージアムの展示を紹介しな
がら，どのような意図で，そのような展示になったかを説明していくこ
ととする。

4. 「楢葉町×東京大学総合研究博物館連携ミュージアム　大地とまちのタイムライン」

（1）「石炭」をシンボルとしたミュージアムのコンセプト

　ミュージアムに入ってすぐの場所にはシンボル展示として，楢葉町で
かつて採掘された石炭が展示してある（**図 15 - 8**）。「黒いダイヤ」と
も称された石炭は，近代日本の発展を支えた重要な鉱産資源であった。
この石炭標本から始まる展示では，石炭にまつわる展示企画者のいくつ
かの思いが込められている。楢葉町のスタッフにとって，石炭は長期間
にわたって，町の主要産業となっ
た石炭採掘の産物であり，エネル
ギー供給の源であった。そして，
エネルギー供給は，楢葉町内の福

図 15 - 8 「大地とまちのタイムライ
ン」入口シンボル展示（楢葉町産出
の石炭）

島第二原発の建設によってやがて原子力産業へと転換することになる。町としては，長期間にわたって，日本のエネルギー産業を担った自負がそこには隠れている。一方で，東京大学総合研究博物館のメンバーにとっては，石炭は植物の遺骸が長期間にわたって地下に埋没することで形成され，それが造山活動により地上に現れたがゆえに採掘されたものという，どちらかというと自然科学的な見方のものであった。ここに，楢葉町の側と東京大学総合研究博物館の側の相違点があり，逆にその相違点を吟味することで，大地とまちのタイムラインのコンセプトが出来上がったともいえる。

（2）石炭を作る源となった「プレートテクトニクス」と都城秋穂

　楢葉町の新ミュージアムでも，東日本大震災についてのトピックは避けて通ることはできなかった。自然災害は，地球のダイナミックな活動の結果ともいえるが，その伝承は重要な社会的要請であり，知を蓄積・伝達するミュージアムにもその役割は期待される。しかし，周辺の自治体に「東日本大震災・原子力災害伝承館」や「とみおかアーカイブ・ミュージアム」がすでに存在しており，東日本大震災については十分すぎるほどに取り上げられていたために，同様の方向性の展示を作ることでは意義が薄いと考えられた。そこで，東京大学総合研究博物館の地学系標本を生かして，自然災害の起こるメカニズムを地球のダイナミズムとともに深く理解させ，その影響と対策を地球規模の意識で来館者に伝える方向性を強めることが考えられたのである。

　東日本大震災を語るうえで，まず，地震の発生メカニズムを考えてもらうことにした。よく報道でも出てくる用語であるが，地震の説明において，「プレート」という言葉が登場する。2011年東北地方太平洋沖地震は，海側の太平洋プレートと陸側の北米プレートの境界にあたる水深

6,000m 以上の海溝で発生した。海側の太平洋プレートは，陸側の北米プレートにゆっくりと沈み込んでいるが，大きなひずみが蓄積しており，ひずみが限界に達して，複雑な形で 3 つの巨大な岩盤破壊が連続して発生し（断層の大きさは長さ約 450km，幅約 150km），巨大地震が発生した。また，それに伴い，広い範囲で海水が押し上げられ巨大津波を発生させ，各地に甚大な被害を与えたのである。

　このようなプレートの動きが「プレートテクトニクス」である。わたしたちが住んでいるのは，地球のごく表面部分にすぎないプレート部分である。そして，プレートに住んでいるがゆえに，プレートテクトニクスによるダイナミックな地質活動に日々さらされているのである。また，日本列島には活動的な火山が多くあり，時に火山噴火による自然災害をももたらす。こうした災害も，沈み込んだ海洋プレートが，地下深くでマグマを発生させ，これが地上に上昇し，日本列島に弧状に連なる火山列を形成しているからである。このように，地球の表面近くで起こっているほとんどすべての地質現象を担っているのがプレートの動き，つまりプレートテクトニクスであり，多くの自然災害の根源になっている。

　プレートテクトニクスは，1960 年代後半に提唱された比較的新しい地球科学の理論である。じつは，プレートテクトニクス理論を導く重要な発見は，戦後すぐの日本で行われていた。その舞台の一つが福島県阿武隈山地で，その発見をしたのが，先ほど名前が登場した都城秋穂だったのである。都城は太平洋戦争時代に東京帝国大学（現在の東京大学）で地質学，とくに岩石学を学んだ。そして，第二次世界大戦が終わった直後の時代に阿武隈山地で地質調査を行い，日本列島の地表とその下で何が起こっているのかを鋭く考察し，プレートテクトニクスの先駆的なアイディアを提出したのである。楢葉町の住民を町外避難に陥れた根源は，プレートテクトニクスであるが，地球科学という大局的な視点から

展示をスタートさせるために，都城が採集した阿武隈山地の岩石を最初のコーナーで取り上げることとした。

　しかし，プレートテクトニクスは，地震や火山噴火を引き起こす悪者一辺倒ではない。現代の人間の暮らしはさまざまな鉱産資源がないと成り立たないが，じつは鉱産資源を作るのにもプレートテクトニクスは重要な役割を担っている。そもそも鉱産資源というのは，特定の元素が集まって鉱床を作っているもので，元素が集まる機構にはさまざまなものがある。日本に見られる鉱床には，特にプレートテクトニクスがその成因となったものが多い。しかし，こういう鉱床を掘っていた金属鉱山は，日本ではほぼすべて閉山してしまっている。ところが，東京大学総合研究博物館では，これらの鉱山の鉱石を研究標本として大量に所有しており，これらも楢葉町に移設していたことから展示物として意味をもって出すことができたのである。

　また，楢葉町の産業をかつて支えた石炭も広く考えるとプレートテクトニクスがその成因には関わっている。町の恵みもやはりプレートテクトニクスによってもたらされていたのだということを知ってもらうように，最初のコーナーの展示は，プレートテクトニクスと言うキーワードを中心として，楢葉町との関係を意識しながら展開している（**巻頭口絵**⑩）。

　このように，プレートテクトニクスの持つ二面性を考える展示コーナーから「大地とまちのタイムライン」の展示は始まっている。プレートテクトニクスが巨大津波を引き起こし，原発事故により，楢葉町ではその影響に苦しんだわけであるが，プレートテクトニクス自身の発見は，福島県で阿武隈山地での都城による地質調査が一つのきっかけとなったのは，偶然の一致ながらも運命的なものと言えるかもしれない。そのことを意識づけようとした。

（3）地球の歴史から楢葉町の歴史へ

　プレートテクトニクスについての正負の二面性が紹介された後に続くのは，トンネル状の展示空間である。ここでは，地球のダイナミズムの結果，地球に生まれてきたものという意図で，生物と非生物の両方を展示しており，壁の一面を化石標本が，そしてその反対の面を鉱石標本が埋めている（**巻頭口絵⑪**）。鉱石標本は，すべて日本の鉱山でかつて採掘されたものである。その後には，展示室の壁一面をすべて使って，プレートテクトニクス，そして地球のダイナミズムからの連想で，45.6億年にわたる地球の歴史が，岩石・鉱物，そして化石などの標本の展示を通して紹介されていく。この悠久の歴史が，歴史資料館にもともと展示されていた町の歴史を紡ぐものに最終的に繋がっていくのである。ここがミュージアムの名称に採用されている「タイムライン」の展示コーナーである。

　タイムライン展示では，地球が生まれたのは太陽系であり，その誕生の生き証人となっている隕石の展示から始まっており，地球の固体部分の構成要素として，総合研究博物館の各種の鉱物標本が続いて並んでいる（**図15-9**）。その中には，地元，福島県で採集された鉱物標本も多くあるために，1か所にまとめられている。さらに，隕石は，小さいものであれば落下して回収されるだけで問題ないが，巨大なものであれ

図15-9　「大地とまちのタイムライン」大地のタイムライン展示コーナー
注：ここでは固体地球の構成単位といえる鉱物が展示されている

図15-10　「大地とまちのタイムライン」楢葉町の歴史展示コーナー

ば，地表に衝突時に大爆発を起こし，そこにクレーターを残すことから，そのような過程でできた各種の岩石標本（テクタイトや衝撃岩）が展示されている。とくに巨大なものは，地球に暮らす生物にも大きなダメージを与え，有名な例としては，約6,600万年前に10kmほどの隕石（小惑星）が衝突したことで，恐竜の絶滅に繋がったことが紹介されている。ここで初めて，生物の絶滅のような「危機」という言葉が登場して，その後の，生物の進化としての，展示に繋がっていく。最終的には，この「危機」というのは，東日本大震災へと繋がっていくのである。ここで展示されている化石標本も東京大学総合研究博物館の収蔵標本で，楢葉町に移設されたものである。さらに，生物の歴史は，町の自然を作る現在の動植物に移っていく。ここからは，元の歴史資料館で展示されていた動物の剥製標本などが再度，利用されることになった。タイムライン展示の最後には，2011年の東日本大震災のことが紹介され，45.6億年の歴史を締めくくっている。

　楢葉町の歴史についても，元の歴史資料館の展示物，とくに天神原遺跡の重要文化財指定遺物を中心に展示が作られており，2,000年前から，現在までに至る歴史が古文書資料などを中心に辿られている（**図15-10**）。やはり，ここでも意識されているのは，弥生時代以来起こったいく度もの危機である。それは必ずしも自然災害に限らず，時には戦争の

左下　図15-11　「大地と町のタイムライン」
プロジェクションマッピングの展示コーナー
右　図15-12　「大地とまちのタイムライン」
未来展示コーナー

ような人が起こした危機もあるのだが，必ず，再生するという歴史が繰り返されてきたことがその背後には示されている。このことは，プレートテクトニクスが持つ正負の二面性とも通じるものがある。

（4）プロジェクションマッピングと未来展示

そして，次のコーナーでは，元の歴史資料館にあった立体地図を再生して，プロジェクションマッピングの展示を行っている（**図15-11**）。この映像展示は，2部構成になっており，通常は，町の見どころをドローンによる空撮を中心に紹介したものになっている。しかし，マップ正面にあるパネルに手をかざすと，東日本大震災の起こった2011年3月11日へとカウントダウンが始まり，その後は，危機と再生をテーマに地球の歴史とともに町が経験してきたいくつもの危機が紹介されていく。映像は，そして，私たちは前を向くしかないのだというメッセージとともに終わるようになっている。

最後のコーナーでは，町民のインタビュー動画が流れるなかで，未来展示として，これまでの展示を見てきた来館者が，これからの楢葉町，そして自分たちについて，感想を残してもらうコーナーとしている（**図15-12**）。部屋の中央にはポストがあり，壁面にはそのメッセージが張り出されるようになっている。

5. 自然災害をミュージアムと関係づける

自然災害をよりよく理解するために，身近なものとの関連性を追いながら，ミュージアムと結びつける展示例として，東日本大震災により被災した福島県楢葉町と，東京大学総合研究博物館の連携ミュージアム大地とまちのタイムラインを取り上げた。あまり例がない公学連携の事業であるが，ミュージアムを再開したい「公」の立場と，収蔵スペース

の確保に苦心している「学」の立場のお互いのニーズがうまく合致しており，また町と大学のそれぞれの展示物がお互いに有機的な意味を持って繋がっていることから，周辺の自然災害を扱ったミュージアムとは一線を画す施設となっている。とくに，原発事故が当地では何にも代え難い大きな災害であり，実際に現在でもそこに暮らす人たち，また，町から出て戻っていない人たちは，大きな苦労をいまだに背負っている。しかし，この展示を通しては，元をたどれば，地震などの自然災害は，地球の歴史の中で繰り返し起こって来た危機の一つとして，理解してもらい，これまでにも地球は，そして私たち人間はそれらの危機を乗り越えてきたという歴史的事実を後ろ盾に，少しでも前向きな気持ちを持ってもらえるようにという企画者の思いが込められた展示なのである。

このような「危機と再生」のいくつかの例示の展示を見ながら「未来創造」を考えるのが，本展示で意識したものであるが，現実的にはなかなかこちらの思惑が通じないことが危惧された。そこで，各展示コーナーの出だし部分に「ヘッドライン」と称する短文のコピーを配置することとした。これらのコピーを最初に頭に入れてもらい，そのうえで展示を見てもらうことで，展示のストーリー性を理解しやすくするようにとの工夫であった。これらのコピーのみをたどって行っても展示ストーリーを把握できることを意図した手法である。

参考文献

- 都城秋穂『変成岩と変成帯』（岩波書店，1965 年，pp. 458）
- 福島イノベーション・コースト構想　https://www.fipo.or.jp/（2023 年 9 月 14 日最終確認）
- 三河内岳・佐々木猛智「福島イノベーション・コースト構想促進事業　福島県楢葉町で展開する本館地学系試料の収蔵と展示事業」『東京大学総合研究博物館ニュース　ウロボロス』25 巻 1 号（東京大学総合研究博物館，2020 年 8 月，pp. 6-7）

索 引

●配列は五十音順，欧文字はアルファベット順　*は人名を示す。

分担執筆者紹介

（執筆の章順）

寺田　鮎美（てらだ・あゆみ）　　　・執筆章→第1・8・12章

1977 年	静岡県に生まれる
1999 年	お茶の水女子大学文教育学部哲学科卒業
2001 年	東京大学文学部思想文化学科美学藝術学専修課程卒業
2003 年	東京大学大学院人文社会系研究科文化資源学研究専攻修士課程修了（修士：文化経営学）
2008 年	政策研究大学院大学文化政策プログラム修士課程修了（修士：文化政策）
2011 年	政策研究大学院大学政策研究科公共政策プログラム博士課程修了（博士：文化政策研究）
現　在	東京大学総合研究博物館インターメディアテク寄付研究部門特任准教授
主な著書	『新訂　博物館概論』（共著）放送大学教育振興会，2023 年 「蘭花百姿：博物誌の展示学」『蘭花百姿：東京大学植物画コレクションより』（東京大学総合研究博物館編）誠文堂新光社，2022 年 「異界としてのミュージアム」『この世のキワ：〈自然〉の内と外』（山中由里子・山田仁史編）勉誠出版，2019 年 『ミュージアムのソーシャル・ネットワーキング（博物館情報学シリーズ 3）』（共著）樹村房，2018 年

松本　文夫（まつもと・ふみお）
・執筆章→第3・4・6章

1986 年	早稲田大学大学院理工学研究科修了
1986 年	磯崎新アトリエ勤務（-1996 年）
1997 年	プランネット・アーキテクチャーズ設立
2005 年	東京大学総合研究博物館客員助教授
2008 年	東京大学総合研究博物館特任准教授
2015 年	東京大学総合研究博物館特任教授（2025 年 3 月現在）
専　攻	建築学（建築都市設計，博物空間デザイン，映像情報表現）
主な著書	『建築設計のためのプログラム事典―名設計の本質を探る』（分担執筆）鹿島出版会，2020 年
	『設計する身体をそだてる―考えを伝える図面の技術』（共編著）彰国社，2013 年
	『musescape』（映像作品）東京大学総合研究博物館，2011 年
	『MODELS―建築模型の博物都市』（編著）　東京大学出版会，2010 年
受　賞	2023 年日本建築学会教育賞（教育貢献）

江田　真毅 (えだ・まさき)

1975 年	群馬県に生まれる
2004 年	東京大学大学院農学生命科学研究科修了，博士（農学）
	日本学術振興会特別研究員（PD），鳥取大学医学部助教，
	北海道大学総合博物館講師等を経て，
現　在	北海道大学総合博物館教授
専　攻	動物考古学，考古鳥類学
主な著書	『新種発見物語：足元から深海まで 11 人の研究者が行く！』

（共著）岩波書店，2023 年

『家畜の考古学：古代アジアの東西交流』（共著）雄山閣，2022 年

『時間軸で探る日本の鳥：復元生態学の礎』（共編著）築地書館，2021 年

『世界と日本の考古学：オリーブの林と赤い大地』（共著）六一書房，2020 年

『北大総合博物館のすごい標本』（共著）北海道新聞社，2020 年

『考古学からみた北大キャンパスの 5,000 年』（共編著）中西出版，2019 年

『遺伝子から解き明かす鳥の不思議な世界』（共著）一色出版，2019 年

『古代アメリカの比較文明論：メソアメリカとアンデスの過去から現代まで』（共著）京都大学学術出版会，2019 年

三河内　岳（みこうち・たかし）　——— ・執筆章→第 13・15 章

1971 年	岡山県に生まれる
1995 年	東京大学大学院理学系研究科修士課程修了
	東京大学大学院理学系研究科助手，NASA ジョンソン宇宙センター博士研究員，東京大学大学院理学系研究科准教授を経て，
現　在	東京大学総合研究博物館教授，博士（理学）
専　攻	惑星物質科学，鉱物学
主な著書	『EARTH　図鑑 地球科学の世界』（監修）東京書籍，2023 年

「太陽系での天体進化プロセスの解明を目指して：多様な地球外物質の鉱物学的研究によるアプローチ」岩石鉱物科学，51, doi:10.2465/gkk.220214（単著）2022 年

"Formation and evolution of carbonaceous asteroid Ryugu: Direct evidence from returned samples". Science, 379, 6634, doi: 10.1126/science.abn8671（共著）2022 年

『学研の図鑑 LIVE「鉱物・岩石・化石」』（監修）学研，2020 年

『見る目が変わる博物館の楽しみ方」（共著）ベレ出版，2016 年

"Mars: Prospective Energy and Material Resources"（共著）Springer，2010 年

編著者紹介

鶴見　英成(つるみ・えいせい)
　　　　　　　　　　　　　・執筆章→第2・5・7・10・11章

1972 年　　東京都に生まれる
1996 年　　東京大学文学部卒業
2008 年　　東京大学大学院総合文化研究科課程博士（学術）取得
2009 年　　東京大学総合研究博物館特任研究員，助教
現　在　　放送大学教養学部准教授
専　攻　　アンデス考古学，博物館学
主な著書　『新訂　博物館概論』（編著）放送大学教育振興会，2023 年
　　　　　「神殿を」建て続けた人びと『アンデス考古学ハンドブック』
　　　　　（山本睦・松本雄一編）臨川書店，2022 年
　　　　　「アンデス文明の黄金・織物・土器・建築」『見る目が変わ
　　　　　る博物館の楽しみ方：地球・生物・人類を知る』（矢野興
　　　　　人編）ベレ出版，2016 年
　　　　　「南米の博物館—ペルーにおける考古学と博物館」『博物館
　　　　　展示論』（共著）放送大学教育振興会，2016 年
　　　　　『黄金郷を彷徨う—アンデス考古学の半世紀』（共編著）東
　　　　　京大学出版会，2015 年

放送大学教材　1559400-1-2511（テレビ）

改訂新版　博物館展示論

発　行　　2025 年 3 月 20 日　第 1 刷

編著者　　鶴見英成

発行所　　一般財団法人　放送大学教育振興会
　　　　　〒105-0001　東京都港区虎ノ門 1-14-1　郵政福祉琴平ビル
　　　　　電話 03（3502）2750

Printed in Japan　ISBN978-4-595-32457-4　C1330